АЛЕКСАНДР КАБАКОВ

БѢГЛЕЦЪ

(ДНЕВНИК НЕИЗВЕСТНОГО)

АСТ, Астрель
Москва
ВКТ
Владимир

УДК 821.161.1-31
ББК 84(2Рос=Рус)6-44
С47

Художник
А н д р е й   Б о н д а р е н к о

Кабаков, А.А.
С47   Бѣглецъ: (дневник неизвестного) / Александр Кабаков. – М.:
АСТ: Астрель; Владимир: ВКТ, 2010. – 254, [2] с.

ISBN 978-5-17-059783-3 (ООО «Издательство АСТ»)
ISBN 978-5-271-24085-0 (ООО «Издательство Астрель»)
ISBN 978-5-226-01554-0 (ВКТ)

“Бѣглецъ” – новый роман Александра Кабакова, автора хрестоматийного “Невоз-
вращенца”, смешных и грустных “Московских сказок”, саги “Все поправимо”.
    Дневниковые записи банковского служащего, законопослушного гражданина,
ставшего не только свидетелем, но и невольным участником исторических событий
в начале XX века, провоцируют читателя, поражают удивительными совпадениями
с тем, что происходит в наше время. Добротное психологическое повествование,
плавно перетекающее в интригующий детектив...
    “ПРОЗА ГОДА” – 2009.

УДК 821.161.1-31
ББК 84(2Рос=Рус)6-44

Подписано в печать 08.09.09. Формат 84x108/32.
Усл. печ. л. 13,44. Доп. тираж 5 000 экз. Заказ № 1323и.

Общероссийский классификатор продукции
ОК-005-93, том 2; 953000 – книги, брошюры

Санитарно-эпидемиологическое заключение
№ 77.99.60.953.Д.009937.09.08 от 15.09.2008 г.

ISBN 978-5-17-059783-3 (ООО «Издательство АСТ»)
ISBN 978-5-271-24085-0 (ООО «Издательство Астрель»)
ISBN 978-5-226-01554-0 (ВКТ)

БѢГЛЕЦЪ

ПРЕДИСЛОВИЕ

История моего участия в судьбе этого, как говорят в наше время, текста началась тридцать пять лет назад.

Середина семидесятых годов прошлого века была, принято считать, временем глухим, тоскливым, безнадежным – одно слово, застой. Так и я давно привык думать. Однако чем дальше мы от той жизни, тем определённей при воспоминаниях о ней возникает чувство, что присутствовала тогда в нашем существовании некая полнота, картинки были яркими, разворачивалось непрерывное приключение, дул тихий ветерок счастья.

Вот, например, бредёшь по городу без всякого дела – да какие тогда могли быть дела? И почему-то улицы кажутся красивыми, хотя уж какая красота оставалась в не ремонтировавшихся век, с осыпающимися балконами и облицовочными изразцами домах; и люди вроде бы несут каждый свою тайну, хотя какие уж тайны, кроме времени привоза микояновских полуфабрикатных котлет в заветную кулинарию, мог нести тогдашний горожанин; и как-то бурлит всё, хотя мостовые полупустые, да и тротуары тоже, народу в городе было поменьше раза в два, а уж машин раз в десять...

Конечно, это, скорей всего, стариковская иллюзия, тоска по легкой, безмозглой молодости, но, с другой стороны, маразм-то ещё не так силён, чтобы не мог я его контролировать рассудком. А рассудок указывает, что, конечно, молодость всё скрашивает, но почему же нынешние молодые не так легки, безмозглы и веселы, как мы были? Наоборот — глубоки, умны, серьёзны, посерьёзнее любых стариков. Вот и задумаешься, не тосклявей ли настоящая жизнь, а она теперь самая настоящая, с этим не поспоришь, чем та её имитация, которая оставляла силы для бессмысленной радости.

Итак, я жил тогда в постоянной игре, в театре, существовавшем внутри меня, в котором я играл все роли. Одна из этих ролей была вот какая: любитель старины, то есть не антиквариата, конечно, его стояло в комиссионках мало — откуда теперь взялся?! — да и не по моим тогдашним деньгам было покупать антиквариат, а просто старья всякого, помоечных венских стульев и резных буфетов базарного качества, продававшихся в мебельной скупке на Преображенском рынке, сломанных бронзовых настольных венер и прочего барахла. Им была набита комната, которую я снимал за 40 рублей, треть зарплаты, в коммуналке, а я всё тащил... Это мода такая была в том кругу полуобразованных полуинтеллигентов, в котором я крутился, мода на старьё. Малюсенькая фронда – вот, дескать, отвергаем мы вашу советскую жизнь, хотим окружить себя благородными обломками прошлого, утраченного рая. А что в том раю нам было бы выделено место незавидное, это как-то не осознавалось.

В общем, мне сказали, что в Замоскворечье, в обычном двухэтажном особнячке, которых там сохранилось много, живёт одна бабка, у ней всякой рухляди полно, и она за малые деньги её сейчас распродаёт. Вроде бы она наследница состоятельного человека, до революции старшего приказчика у "Мюра и Мерилиза". Когда грянуло то, что грянуло, приказчик от ужаса и отвращения быстро помер, и остались не богатая вдова-домовладелица с пятилетней дочкой на руках, как было бы прежде, а нищие обитательницы одной комнатки в мезонине. Деньги все пропали, серебряные сервизы, даренные в складчину рядовыми приказчиками старшему на юбилеи, быстро ушли в Торгсин, и дальше осталось только тихо голодать, моя полы у людей и в ближней градской больнице. К этому занятию лет с двенадцати присоединилась и дочь... А теперь вдова отошла к заждавшемуся на том свете супругу, дочери, уже тоже старухе, тридцатирублёвой пенсии никак не хватает, хлеб и молоко подорожали с целью "упорядочения цен", вот и распродаёт она всякую ерунду, которую мать хранила, возможно, как доказательство того, что некогда, давным-давно, действительно была жизнь. Да раньше, в более суровые коммунистические времена, и охотников на старьё не было, а в последнее спокойное время появились чудаки... Среди прочего, сообщили мне, сохранился у старухи каталог "Мюра и Мерилиза" за 1913 год, изумительная вещь, рассматривать можно часами, ничуть не беднее, уверяли меня видевшие, нынешних разноцветных западных каталогов, которые привозят сообразительные выездные и продают через букинистические по две сотни, а богатые дамочки покупают в качестве журналов мод. Всё когда-то и у нас было не хуже — том на тысячу страниц тонкой гладкой бумаги, а в нем что угодно, выбор не меньше нынешнего парижского, только печать черно-белая...

Вот что мне рассказали приятели, такие же барахольщики, как я.

За этим каталогом я и пришёл в пропахшую затхлой старостью комнатку под крышей облупившегося до дранки, некогда жёлтого особняка.

От дверей увидел: клад! И даже если бы я собирался до того, как увидел, всё это скупить, передумал бы, не стал бы дурить бабку. Вещи прекрасные, даже павловского красного дерева диван, обитый вполне целым полосатым шёлком, здесь уместился, и всё это можно продать через комиссионку на Фрунзенской за многие тысячи. Бедная хозяйка сокровищ просто не знала, что может устроить себе действительно хорошую жизнь, а мои приятели, видно, тоже посовестились её обирать. У меня же мгновенно появился план — как старухе помочь и самому получить желаемое. С ходу я предложил ей выгодную нам обоим сделку: я помогаю ей организовать продажу всего, с чем она готова расстаться, привожу оценщика из магазина, грузчиков, добываю машину, а за труды хочу получить только каталог — ну, бесплатно, конечно. Выручит она большие деньги, вот, например, одна эта лампа стоит её пенсии за год...

Признаюсь, был у меня соблазн попросить в качестве вознаграждения и ещё что-нибудь, хотя бы немного мелкой бронзы, которой в комнатке было с тонну, но я сдержался — к тому, что не хотел беднягу грабить, добавилось и ещё одно соображение: я помнил, что моя комната и так уже полна под завязку, а ведь придётся переезжать... Каталог же, который между тем уже осторожно листал, мог заменить целый музей! Сотни, тысячи прекрасных фотогравюр, каждую изучить жизни не хватит, и всё там — от егеровского теплого белья и английских одеколонов до револьверов "бульдог", предлагавшихся "путешественникам и велоспортсменам", и кресел-качалок "из настоящего цейлонского бамбука". Огромный исчезнувший мир!.. Всё, что меня привлекало, уместилось в этом тяжёлом, прекрасно сохранившемся, будто его никогда не раскрывали, томе.

Но случилась беда. Мое полнейшее непонимание человеческой психологии дало результат, которого следовало ожидать: старуха насмерть испугалась. Переваливаясь на слоновьих ногах, похожая на ходячую большую грушу черенком кверху, она отошла

11

в самый дальний угол комнаты и оттуда смотрела на меня так, как будто я собрался её ограбить, а то и убить. От сделки она отказалась категорически, почему-то шёпотом – возможно, решила, что я предлагаю нечто противозаконное. Зато – вот этого никак нельзя было ожидать – запросила дикую цену за каталог, сто пятьдесят рублей. Естественно, такой гигантской суммы у меня не было и быть не могло, рассчитывал максимум на четвертной. Торговаться я не умел, да от неожиданности и не стал пытаться.

Установилось нелепое молчание. Она умудрилась почти спрятаться в щели между скалоподобным комодом карельской берёзы и лакированной чёрной этажеркой, испуг её не проходил. Сделав над собой усилие, я положил каталог на стол, на пожелтевшую кружевную скатерть, со вздохом пробормотал что-то вроде "ну, как угодно, дело ваше" и шагнул к двери.

Тут она засуетилась, будто пытаясь меня задержать, и начала какую-то невнятную фразу – "а подарочек, подарочек за хлопоты, молодой человек, мне уж ничего не нужно, а вам, может, интересно будет, там по-старому написано, да вы разберёте, вам интересно будет..." С этими странными словами она осторожно, явно преодолевая страх, приблизилась и, непонятно откуда вынув, протянула то, что показалось мне старой книгой. В диком раздражении от всей этой идиотской истории – вот, пожалел старую дуру, вместо того чтобы воспользоваться, и получил благодарность, а теперь мне этот каталог сниться будет — я сунул, не глядя, "подарочек" под мышку и вышел. Едва не загремел на крутой лестнице, про которую от злости забыл...

Дома, уже под вечер, открыл даровое приобретение и обнаружил, что это не книга, а тетрадь, листы которой с двух сторон исписаны мелким, безупречно ровным почерком, очевидно, принадлежавшим человеку давнего времени — очевидно, даже если бы было написано без ятей и твёрдых знаков. Начал читать и бросил на пятой странице, дневник показался неинтересным, какие-то вялые размышления о жизни вообще и собственной пишущего, явного неудачника, к тому же алкоголика и истерика, полного обиды на весь мир. Да и читалось написанное по дореволюционным правилам с трудом. Почерк был абсолютно разборчивый, но всё равно фита и ижица каждый раз заставляли остановиться и долю секунды соображать, что за слово написано... В общем, сунул куда-то эту тетрадь в переплёте из узорчатого картона с кожаными уголками и корешком — и забыл.

А недавно нашёл. Удивился, как она уцелела в переездах. Открыл, заставил себя читать...

Потом сел за компьютер, переписал всё по действующей орфографии. И не жалею потраченного времени. Не знаю, чем и как, но эта рукопись, которой без малого сто лет, связана с моей жизнью. Это мог быть мой дневник, хотя я никогда не вёл дневников. А теперь замечаю, что даже давно ис-

13

чезнувший почти без следа русский язык, которым писал автор, повлиял на мой стиль. Как будто я сам пишу век назад.

Пытаться опубликовать эти записки пока не собираюсь, а там видно будет... Сюжет их (ни в каких других дневниках, сколько я их, опубликованных, читал, сюжета не было, какой же сюжет в последовательно описанной жизни), так вот, сюжет мне кажется очень, как сказал бы сам автор, поучительным — особенно прозрачные умолчания в тексте. Он собирался, заполнив тетрадь, сжечь её, как сжигал дневники ежегодно. Чего же опасался? Этого я не знаю... И не знаю, зачем бабка отдала мне тетрадь. Может, хотела избавиться от крамольного по советским временам текста, может, хотела быть уверенной, что он сохранится после её смерти...

Да, вот ещё что: её ведь всё-таки обманули. Нашего поля ягода, старьёвщик-любитель, только в отличие от меня ещё и мелкий спекулянт, которого я постоянно встречал в комиссионках, всё у неё выкупил, всё до последней тряпки и деревяшки, и сильно наварил, что-то сдав на Фрунзенскую, что-то перепродав из рук в руки дуракам вроде меня, но более денежным. Думаю, вырученного ему на "волгу" хватило как минимум... А потом как-то сгинул он, исчез в городе.

Как все исчезают и будут исчезать.

Москва, 2008

АЛЕКСАНДР КАБАКОВ

БѢГЛЕЦЪ

(ДНЕВНИК НЕИЗВЕСТНОГО)

13/XII/1916 р.х.

9 ½ вечера. Малаховка

НАЧИНАЮ ЭТУ ТЕТРАДЬ НЕ В ОБЫЧНОЕ время. Прежде мне всегда хватало такой тетради на год, а теперь пришлось уж новую заводить, записи о военных и прочих внешних обстоятельствах прошлую исчерпали прежде времени. Я таких тетрадей купил когда-то дюжину в уже закрывшемся с того времени немецком писчебумажном, теперь чистая осталась только эта, значит, одиннадцать лет прошло.

Страшно думать, как уходит жизнь. Ежели об этом много и часто думать, то не хватит сил дождаться естественного конца. Я полагаю, многие люди от страха смерти готовы на себя руки наложить, только то и удерживает,

17

что в человеке тварь просыпается, а тварь страха отдалённой смерти не знает, но сиюминутной сопротивляется.

Не следовало бы такими рассуждениями открывать новую тетрадь, да что ж поделаешь, коли только об этом все мысли.

Да, уходит жизнь, а жаль мне её? И так можно ответить, и по-другому, а всё будет неправда. Какой жизни мне жалеть? Той ли, что идёт без всякого смысла и радости год за годом, в мелких ухищрениях сластолюбия, в муках ущемлённой гордыни, в непрестанном напряжении сил ради животного существования своего и зависимых от меня? Или той, которая могла бы быть и, чудится, ещё может быть? Жизни ясной, спокойной, умеренной, за которую можно пред Создателем без стыда ответить? Так ведь той, которая могла бы быть, той уже не будет, это ясно видно. Но и той, какая есть, всё же жалко. Вдруг ещё изменится, вдруг ещё окажется, что не поздно.

II   *13/XII/1916*

Впрочем, хватит. За окном беспросветно, будто уже глубокая ночь, с четырёх пополудни тьма. В газетах одни только кровь, смерть и подлость. Вот и мысли соответственные.

Истинная же моя беда в том, что живу в хорошей зимней даче, в тепле, средства добываю не тяжелою работой, а необременительной и достойной службой, не болен опасно, уважаем даже многими, но — один. И кто ж повинен в том, что один? Да сам, более некому. С сыном почти разошёлся, далеко он, единственный близкий человек, с женой, почитай, два слова скажу в два дня, друзей не сторонюсь, но в душе не ставлю в грош. Всего меня лишил давно поселившийся во мне бес суеты. И только я сам знаю, что нет никакого господина Л-ва, пятидесяти трёх лет, из мещан, служащего начальником департамента в небольшом акционерном банке, а есть бес в моём, то есть господина Л-ва, обличье.

Два дня тому в Большом Московском был устроен обед по поводу присуждения нашей компании медали от Торговой и Промышленной палаты. Почему-то только теперь выбрали момент — ничего не скажешь, подходящий: мало того, что война делается всё страшнее, так ещё и пост. Я всячески показывал свой интерес ко всему, что происходило, — и к глупым тостам, на которые особенный мастер дурак и пошлый остроумец З-ко, и к самой награде, до которой мне дела нет, как и до всего нашего предприятия, да и до финансового дела вообще, и к пьяным под конец вечера крикам, и к прочему веселью. Опять суетился, заигрывал со всеми подряд, угождал словами, которых от меня ждут, — я ведь хороший малый, всем приятный. Бес, бес.

И всё это Рождественским постом. Никто и не вспомнил. Или вспомнили, но, как и я, стеснились обнаружить такую старосветскость, как соблюдение постов. Театры играют, в ресторанах дым коромыслом, устриц блюдами лакеи таскают и шабли рекой льётся. Днём же, особенно по домам, будут гуляки варёную

IV   13/XII/1916

треску вкушать, а то и одну кашку на воде.

В каждом свой бес сидит.

А мне хотелось этого З-ко убить. Самым натуральным образом — взять шандал да в висок. Или, вполне возможно, не З-ко, а самого управляющего, добрейшего и свойского М-ина, всё норовившего медаль ополоснуть в шампанском.

Мерзавцы и дураки.

Но чем я лучше? Очень может быть, что и каждый из них смотрит вокруг с таким же отвращением, и первый предмет этого отвращения — я. Что, несправедливо? Я про себя знаю довольно... Вот разве единственный вопрос: как они-то догадались?

14/XII

10 утра

ВСЁ СНЕГУ НЕТ. А МОРОЗ ЗАВОРАЧИВАЕТ порядочный, погубит озимый хлеб, то-то будет нашим страдальцам за народ дел — примутся спасать голодных газетными статейками и спичами под бургундское на благотворительных балах. Сумели ж они помощь солдатикам превратить в бордель, в мундирный маскарад, когда каждый земгусар глядит Денисом Давыдовым...

Пошёл к утрене, но и четверти часа не выдержал в храме. Как обыкновенно, мысли набежали самые отвратительные, никак их не утихомиришь, кажется, что безобразие моё внутреннее всем видно и молиться достойным людям мешаю. Перекрестился и вышел вон и тут же получил подтверждение своим чувствам: дверью едва не зашиб старуху, дачницу из постоянных, с которой шапочно знаком. Молча поклонился, а она, посмотрев мне в лицо со страхом, как если бы нечистого увидала, поспешно ступила в сторону. И целый выводок прислуги, кухарок и компаньонок, которые всегда её сопровождают в церковь, так же поспешно, теснясь на затоптанной и скользкой паперти, отступил от меня. Что ж такое на мне изображено?

Пора ехать в службу, и даже хочется. Лишь бы из пропахшего табаком, сильно с утра натопленного кабинета, подальше от этого стола, от тетради, от тяжкого недоброго молчания, которое идёт сквозь закрытую дверь спальни, где безвыходно остаётся до моего отъезда жена, от холода пустой столовой, где горничная, глядя на меня с тем же испугом, что старая дачница, подала, когда я вернулся, отвратительно остывший кофейник и вчерашние булки. От себя самого, ненавистного больше, чем пошляк З-ко или добряк М-ин.

14/XII/1916

VII

Издалека от станции донесётся паровозная гарь, в вагоне будет тепло и сильный запах одеколонов, как положено от публики в первом классе. Прямо с вокзала извозчиком на Мясницкую, в контору, в негромкий шум голосов под высокими потолками... И не чувствовать ничего, а вечером в собрание или в трактир, встречу кого-нибудь...

Всё, пора. Коли будут силы, ночью напишу нечто важное, о чём давно уж хотел написать.

Ночь
с 14 на 15 декабря

ПРИЕХАЛ ПОЗДНО, НЕТРЕЗВЫЙ, ЗАСНУТЬ не могу — вот и напишу наконец то, что давно собирался.

Итак, что же со мною происходит?

Живу я отвратительно, в состоянии, близком к умопомешательству, всякий момент готов к истерическому припадку, как манерная дамочка, а почему?

Первая причина понятна — водочка проклятая. Пью её каждый день, а зачем пью, неведомо. Добро бы, делалось мне в пьяном виде приятнее жить, так ведь нисколько! Один лишь туман, полусонное затмение, сумрак, а более ничего. Если же не в своем убежище, не в одиночку приканчиваю стоящий в буфетной графинчик, аккуратно возобновляемый прислугою, наверняка при этом презирающей пьяницу-хозяина, а хватаю рюмку за рюмкой в компании знакомых, в трактире или ресторации, то, бывает, что-нибудь нелепое, несуразное, неуместное ляпну. И наутро вспомню, буду мучиться, ругать себя и зарекаться. Так для чего же пью?

Болезнь. Вот говорят, что болезнь эта наследственная, но ведь батюшка-то, Царствие Небесное, хоть и не прочь был от рюмки, да ведь ничего подобного моему пристрастию не имел, отчего ж я так привык? Правда, отец и средств не имел таких, чтобы ежедневно по трактирам и ресторанам употреблять шустовский или мое любимое смирновское столовое... Но не в одном только достатке дело. Что-то, значит, в душе моей есть такое, что-то слабое, податливое, требующее ограды от действительной окружающей жизни. Именно в душе, потому что ума я от выпитого почти не теряю, разве что, как сказано, иногда глупость какую-нибудь сморожу, да тут

же и раскаюсь. Но безобразий никаких, сканда-
лов и бесчинств не устраиваю никогда, тих и при-
стоен. Одна знакомая дама, супруга нашего
клубного старшины, пеняя ему на безобразное
под его управлением пьянство, приводила в пример меня, вот, дескать, Л-ов, хоть и пьет не хуже вашего, а вести себя умеет, джентльмен. Он
мне сам об этом со смехом рассказывал. Благо-
родный человек! Ведь того, кого жена в пример
ставит, любой возненавидел бы, а он только по-
шутил — тут же мы с ним по паре рюмок и хлоп-
нули. А «джентльмен» ко мне пристало, так и ок-
ликают друзья в собрании — мол, джентльмен,
сэр, с улицы-то, для начала, лафитничек...

И все прочие мои болезни — и желчные рези
в боку, и утренняя слабость — все от этого главного недуга. И то сказать: сколько ж организм
может терпеть такие надругательства? Хорошо
хоть, что к шампанскому и прочим французским
ядам не имею вкуса, подагры пока нет.

Вот ведь — жизнь кляну, а смерти боюсь. От-
чаянно боюсь. И молитва не помогает.

Ну, да ладно. Каждый день даю себе зарок, и иконку стал носить, Неупиваемую чашу. Бог не попустит раньше срока, а в срок все успокоимся.

Тут же место и вторую причину моей ипохондрии вспомнить: семейное мое неблагополучие.

Впрочем, единственным отпрыском, сыном, Он меня утешил. Хотя бы о родном моём, пожалуй, что других близких и нет, человеке не тревожусь. Курс окончил блестяще, женат не то чтобы счастливо, а покойно, прочно, жительствует в Женеве, где, вместо того чтобы связаться с эмигрантскими нашими «рэволюцьонэрами», занялся серьезно биржевой игрою и играет осторожно и удачно. Похож он на меня по душевному складу, и пока жили рядом, беседовали с полным пониманием, только он покрепче, меньше жизни боится или умеет свой страх скрывать. И потому, верно, теперь удалился из нашего кошмара. Жаль, не видаемся совсем... А внуков мне Господь не послал, но я и тут вижу преимущество, по моему эгоистическому характеру тем спокойнее, чем меньше потомства, о котором тревожиться следует.

Что же до женщины, которая спит сейчас на другом конце дома, пока я тут папиросу за папиросой жгу и вот эту тетрадь порчу, то главная моя беда в ней, в моей уже без малого тридцать лет как невенчаной жене, и состоит. Ради же справедливости скажу, что и её главное жизни несчастье состоит во мне. И как это получилось, я иногда понимаю, иногда перестаю понимать. То её виню едва ли не в убийстве моем духовном, то себя в разрушении её надежд.

Женитьба моя была бы странной для любого другого человека, но для меня — самой что ни есть натурально связанной с моим обычаем жить вообще. Женился я как будто и по любви, причем по любви и нежной, и страстной, поглотившей меня на годы, привязавшей меня к этой женщине крепко... А в то же время и как будто по обязанности.

Это следует самому себе уяснить.

14—15/XII/1916   XIII

Не то чтобы я поступил как порядочный человек, который, бывает, сделает предложение, а потом и пошёл бы на попятную, да неловко, неблагородно — нет, я не её обмануть не мог, а как будто себя. То есть обязательство у меня было не перед нею, а перед самим собою и даже более того — перед своею же любовью. Мог бы я отказаться от неё, будучи не вполне убеждён, что делаю шаг верный, на всю жизнь связывая себя? Мог бы, тем больше, что и она сама меня предостерегала и вместо бурного согласия сойтись навсегда предложила подумать, истинно ли я готов, не пожалею ли… «А уж если вы точно решили (помню я её слова, будто сейчас слышу), то знайте, что я такой человек, который от вас потребует вас всего, без остатка и поблажек». Тут бы мне и опомниться, и испугаться, поскольку, невзирая на молодость, уже знал свою натуру и, прежде прочего, свое женолюбие и склонность к увлечениям. Я же, напротив, ещё твёрже повторил предложение и принялся настаивать, будто повернуть дело вспять означало бы перечеркнуть не только этот предполагающийся гражданский брак, но всю мою жизнь.

Не знаю, понятно ли тут всё написано, да неважно. Читать этого не предстоит никому, даже и мне самому. Спалю, как заполню, и эту тетрадку в плите на кухне, как спалил уже одиннадцать заполненных, и сгорит она, как сгорит наступающий год, как сгорели все годы моей жизни. Останется одна зола, которую выгребет кухарка и рассыплет по заднему двору, где куры ходят. И от жизни моей останется прах, и восстанет ли, соберётся ли он на Суд?.. Господи Иисусе Христе, Сыне Божий, помилуй мя, грешнаго.

Терзал я её своими изменами и перед нею, без сомнений, виноват. Да только лукаво подсказываю себе: а разве она так уж вовсе не виновата? Разве хотя бы малые силы потратила она, чтобы привязать меня к себе теми проявлениями любви, которые только и нужны были мне, всею той любовной суетою, которой я искал в других женщинах и находил... Она же была сурова в любви, как в послушании, а мне такая суровая, строгая любовь не годится. Иногда вовсе глупая мысль приходит: а не может ли быть, что всё дело в её дворянском и моём мещанском, только два поколения от податных, происхождении? Или, может, просто недобрый она человек, а я просто слабодушный? Может, и так, да уж какая теперь разница. Живём врозь, даром что крыша одна.

Справедливости ради следует признать, что её жизнь в Малаховке тосклива, словно в ссылке. Храм, да ещё прогулка до станции в компании горничной и собачек, да ещё визиты к двум-трём подругам, жёнам чиновников, живущих, как и мы, постоянно на даче... И так уж годы. Что, кроме обиды на судьбу и меня, такую судьбу ей давшего, может быть в её сердце? Она ещё более одинока, чем я.

А не в том ли вся причина, что не венчаны? Страсти давно нет, а Божьих уз и не было...

Что ж связывает нас? Письма от сына, дом этот и две её китайские собачки, в которых она души не чает, да и я, признаться, очень к ним привязан, видно, взамен настоящей семьи. Сейчас они в спальне с нею, спят на ковре вповалку, а утром придут и ко мне, будто бы поздороваться, вползут в кабинет животами по полу... Отчего у них всегда грустные глаза?

Хватит писать. Завтра продолжу, а то уже и ночь почти прошла, пока я бумагу своими откровенностями терзал, и хмель почти весь выветрился. Ввиду чего сейчас осторожно, стараясь не скрипеть дверьми и наступать потише, пойду в буфетную, приму своего лекарства полную дедову стопку, ещё оловянную, уцелевшую от древних времён, повторю порцию, потом, понося себя внутри последними словами, третью... И вернусь в кабинет, где мне на диване ещё с вечера постелено.

А в службу завтра не поеду, пропади она пропадом. Разве что к вечеру выберусь, а потом куда-нибудь ужинать.

1 января 1917-го

от Рождества Христова года.
Семь часов вечера. Малаховка

ПОСМОТРЕЛ ПОСЛЕДНЮЮ СВОЮ ЗАПИСЬ. Вот я весь в этом: собирался продолжить излияния на следующий день, а вместо того половину месяца не записывал, включая и всю Рождественскую неделю. И ведь каждый день находил объяснение, почему на дневник сейчас ни времени, ни сил нету, а вот только на рюмку и пустую беседу! Уж о храме не говорю — еле праздничную всенощную выстоял и скорей к столу, ведь повод же для пьянства...

Однако были и настоящие причины, по которым не хотел и даже не мог писать. Война и должные последовать за нею неизбежные, едва ли меньшие бедствия всё более удручают, в воздухе уже нечто такое есть, что и последние надежды избежать худшего развеиваются. И тут уж не до самоуглубления.

Чем дальше, тем очевиднее мне, что и небывалое кровопролитие, которому уже два с половиною года, и неизбежные этого кошмара будущие следствия предопределены были деятельностью именно и в первую очередь образованной части мирового и в особенности российского общества в тот Богом посланный нам, но впустую и даже во вред прожитый промежуток, который был между Пресненским восстанием и войною.

Вот принято во всём винить кого угодно. Бешеного Вильгельма, нашего Государя и особенно окружающих его, распутинщину позорную и отвратительный её конец, глупых и сумасбродных миллионщиков наших, едва отучившихся в рукав сморкаться, как уж ставших либералами и прогрессистами, всемирных заговорщиков, устроивших всемирную же кровавую баню, всякого рода извергов, идейных разбойников, которые, на этом я твёрдо стою, ещё хуже разбойников обыкновенных, корыстных... И так всех подряд, хотя бы генералов, нисколько не улучшившихся по отношению к тем, которых Салтыков изобразил, или мужичков наших, которые так и норовят винтовки побросать да приняться за любимое с давних времён дело — имения жечь.

И всё это верно. Но, хоть убейте меня, я, поверх перечисленного, другое главное бедствие вижу, и не в одной только нашей бессчастной России, а во всей Европе, если не во всём мире — бедствие это называется декаданс.

Не о том речь, конечно, что художники стали монстров писать вместо людей и ад вместо Божьего мира, что картины их стали зарисовками бреда, в белой горячке могущего привидеться. И не о том, что литература сделалась уже сплошь изображением распущенных истеричек и выродков, людей дна и «подполья», как выражался господин Достоевский, сам сильно к этому руку приложивший, принялась воспевать мерзости и безумства, да ещё и хамским либо вовсе придуманным, выморочным языком. И даже не о том, что нравы культурных людей опустились до нравов публичного дома и каторги, и не стыдно, а привлекательно стало быть завистливым негодяем и бессовестным лгуном — нет, всё это только поверхностные приметы болезни. А суть болезни проявляется в полном и проникшем до самых основ гниении той жизни, в которую мы пришли когда-то и которая ещё сохраняла черты данного Создателем человечеству и исторически проверенного устройства. Все эти наши горькие, андреевы, скитальцы, врубели и tutti quanti, как и все эти их метерлинки и парижская школа — все они только были сыпью, а сама-то зараза глубоко пошла. Нет, декаданс не в кофейнях и артистических клубах, где шарлатаны выкликают шарлатанские заклинания под видом стихов, а публика аплодирует фиглярским пророчествам катастрофы, делаемым лжепророками ради скандала и денег. Не в гостиных, где присяжные поверенные и дантисты прокламируют свои рецепты справедливости и спасения человечества без Спасителя. И не в одной вообще культуре декаданс, а во всей нашей жизни, в душах, воспринявших болезнь от первоначального гнойника — от культурного общественного слоя. Новомодные знаменитости позировали в сапогах бутылками и шелковых рубахах для «исторических» фотографических снимков, поносили всё, что их подняло из ничтожества и прославило, отвергали не одного только Царя, но и Отечество, и Веру. Их надо было бы в жёлтый дом, а вместо того их слушали, как оракулов, и обязательно беловолосый босяк затягивал пошлую «Дубинушку», расходуя по своему босяцкому разумению великий дар Божий. Вот и дослушались — рушится всё, и, настаиваю, не одна только наша пропащая держава, а именно весь мир, по крайней мере, христианский. Хлебнём ещё мы этой войны.

Следует признать, что всему выше кратко описанному предшествовали не менее очевидные, хотя не такие всеобъемлющие проявления общественного нездоровья. Взять хоть то помрачение умов, которое нашло на образованную нашу публику, одобрявшую травлю, а потом и убийство Царя-Освободителя, истребление генерал-губернаторов... Барышню благородную и образованную в участке высекли, это дикость, конечно, Азия и зверство. Но почему ж, когда мужиков и баб обыкновенно, заурядно пороли в таких же участках, заметим, уже не рабов, а вольных граждан Империи, почему же из-за этого наши народолюбцы за револьверы и бомбы не хватались? А? Вот в пятом году и дождались новой пугачёвщины, и радовались ей, как дурак пожару... Более того — и проповедь графа Толстого, осмеливаюсь считать, была из того же разряда общероссийской мозговой горячки. Но то были заболевания всё же нервные, психические. Декаданс же — это (пишу не для посторонних глаз, так что не буду осторожничать в словах) истинный сифилис, поразивший все органы общественного тела, и мозг, и скелет, и сердце.

А что кроме декаданса есть? Пошлый лубок для плебса, так и тот теперь с «идеями»!

Для какой цели я это пишу, от расстройства весь в ледяном поту, еле сдерживая себя, чтобы не прибегнуть к испытанному средству успокоения, что хранится в буфетной? Не знаю... Быть может, для того, что, начавши в прошлых записях судить себя, не смогу описать своих собственных грехов, не указав, что все они суть тоже декаданс. И хотя отвратителен он мне, а и я не уберёгся.

Итак, что же со мною происходит в то время, как человечество себя истребляет? По первому взгляду, ничего такого особенно ужасного. Суетен в желании угодить своей среде? А кто ж не суетен? Склонен к разрушительному пьянству — да разве я один, особенно в России? В браке несчастлив и жену свою несчастной сделал? Обыкновенная история. Чем же в таком случае я настолько плох, что места себе не нахожу и через эту тетрадь пытаюсь с собою примириться? Прямой ответ будет: не знаю, но плох так, что не могу больше жить и всё чаще, признаюсь, выдвигаю ящик стола, за которым сейчас пишу, и смотрю долго на сизый револьвер, лежащий там в соблазнительном виде. Вот до чего дошел.

А знаю ли другой выход? Монастырь был бы в самый раз, но куда мне... Да и вряд ли скроет монастырь от того, что будет. Другие нужны стены...

Ну-с, однако довольно. Лучше опишу содержание минувших двух недель. В службе было много хлопот, как обычно в конце года, будто не год кончается, а все времена. Положение банка нашего недурное, учитывая же военные сложности в общих финансах — и вовсе отличное. Суммы от правительственных заказов, как водится, наполовину ушли прямо в карманы подрядчиков, а не на дело, так что через наши кассы текло в минувшем году денег много, даже невообразимо много. Большею частью направлялось это через вторые и третьи банки неведомо куда, то есть очень даже ведомо — в те края, где, слава Богу, сын мой обретается, в надежные швейцарские хранилища… А нам шёл хороший процент.

Словом, несколько сослуживцев — симпатичный мне Н-ев из учётного департамента, вечно глуповато-веселый мастер армянских анекдотов Р-дин, товарищ управляющего, и франт и жуир Ф-ов, начальник кассового отделения, — предложили, отдохнув на Рождественской неделе, отметить Новый год и новогодние награды, которые дошли до четверти годового жалованья, семьями в «Праге». Честно сказать, мне это празднование вовсе не было заманчиво, чего стоило только вынести предварительный разговор с супругою, однако благовидного отказа я в момент не придумал, так что пришлось соглашаться. И вот — пожалуйста: вчерашний день. Дом наполнялся тихим недовольством, покуда она собиралась, а горничная бегала с утюгами и щипцами. Потом в поезде молчали в течение почти полутора часов, я читал «Новое время», она смотрела в окно так неотрывно, что любому стороннему было бы понятно —

это она специально для меня так смотрит. Забавно было то, что напротив сидела точно такая же пара, немолодые, хорошо одетые, пахнущие дорогими духами люди, тоже явно едущие на встречу Нового года и тоже не разговаривавшие друг с другом. Такое отражение утешило меня.

На извозчике до «Праги», потом полная ночь глупых разговоров и неумеренных еды и питья — Боже, какие же пошляки мои коллеги, не говоря уж о супругах их. Вероятно, и я им вижусь так же... Ни единого осмысленного, идущего если не от души, то хотя бы от ума слова! Всё банальности — и сплетни, и рассуждения хотя бы даже и о войне. И за всем этим — ещё едва ли не три часа обратной дороги. Правда, я в поезде дремал. Обошлось же веселье в 380 рублей с пары, не считая езды, причем на чай дал я один за всех, другие как-то отвлеклись...

А сегодня полдня лежал в постели, потом в одиночестве обедал одним только чаем — несварение! Жена и вовсе не выходила из спальни.

И газет нет — то ли не печатались по случаю праздника, то ли дворник, которому положено, на станцию не ходил. Пусть. Вот дописываю эту несуразно длинную заметку, да пойду всё же хвачу стопку-другую, а то не засну, с этим ночным бдением окончательно распорядок нарушен, сон же у меня и без того некрепкий.

6 января

1917 года

ДЕНЬ, СЕЙЧАС УЖЕ ЗАКАНЧИВАЮЩИЙСЯ, был весь посвящен делам и размышлениям о практической стороне событий.

На двенадцать с половиною утра был назначен у М-ина совет относительно обращения с наличными ввиду войны и потому все более затрудненного сообщения с банками в Швейцарии и в Англии. А дела наши идут именно и преимущественно со швейцарскими домами, поскольку благословенная эта страна сыроваров, часовщиков и менял уже век не воюет, умные и реалистические люди.

Чтобы успеть к совету, я поехал ранним поездом. Пассажиров и в первом классе было много, так что все диваны были заняты, и какой-то господин, усевшись рядом, всё ворочал листы «Русского Слова», задевая меня ими по самому носу. От вокзала пошёл я на Мясницкую пешком, потому что времени ещё оставалось достаточно, можно было и пройтись, и у себя в департаменте бумагами заняться часок до совета. Несмотря на порядочный мороз, под ногами было слякотно, как всегда в Москве, а особенно вблизи вокзалов. Иногда проваливался в лужи выше калош, забрызгал не только брюки, но и шубу едва ли не до пояса... Шел и думал о том, что будущее вообще страшно, а для меня и моих подопечных просто безнадёжно. Слава Богу, сын на своих ногах и в хорошем месте! Но есть ещё жена с её собачками, есть колченогий дворник, старая, почти дряхлая кухарка, которая у нас служит десять лет, бестолковая горничная — куда они без меня? И вот же какая странность: жену я не люблю, прислуга всё же не родня, а прислуга, разве что собачки обожаемые... Однако испытываю к ним ко всем ужасную жалость. Не смогу их содержать — по миру пойдут, с голоду погибнут. Сын помочь не в состоянии, далеко, да ему и самому с женою едва на жизнь хватает его спекуляций... А моё обеспечение, я уж ясно вижу, не вечно.

Банк наш, невзирая на его нынешние успехи, вернее же, как раз по причине этих успехов, непременно должен в скором времени или обанкротиться, или так каким-нибудь образом погибнуть. Войне конца не видно, средства на неё уходят невообразимые даже для меня, не талантливого, но опытного в финансовом деле человека. Военных государственных долгов сделано более 40 миллиардов... А что всё ж таки после войны будет? Настанет пора платить по счетам, тут и вся Богоспасаемая Российская держава может банкротом сделаться, а уж наша контора, особо нажившаяся от новобогачей военного времени и торгующая обязательствами и контрактами, то есть пшиком, без сомнения в трубу вылетит.

А хотя бы и не вылетит, так я вылечу, в мои годы продолжение карьеры сомнительно, везде молодёжь набирает силу...

| *6/I/1917* | **XXXI** |

Накопить же я ничего толком не успел, а ведь всю жизнь работал, как ломовая лошадь! Но жил на широкую ногу, дачу, видишь ли, отгрохал двухэтажную, в содержании дорогую и для жизни человека, служащего каждый день в присутствии, неудобную, прислуги держал прежде по пяти человек, зачем-то выезд с кучером, рысаков имел (слава те, Господи, что избавился, хорош бы теперь с ними был), за одну ночь в «Стрельне» тысячу пропивал, спеша за всех платить, — я же добрейший, открытой души малый. Вся эта роскошь, надо заметить, была не совсем первого сорта, как и обычно у меня. Финансист не высшего разбора, вместо имения дальняя дача, не больше, капитала настоящего нет... А теперь уже едва концы с концами свожу, при нынешних-то ценах, а дальше и того хуже будет. Рождественские наградные уже трачу.

Чёрт бы меня взял.

Никакого выхода из этого состояния не вижу. Впереди — тьма.

Некоторые утешаются, удивительное дело, чтением газет. Вот тот же Н-ев, сослуживец и добрый мой приятель, один из немногих порядочных и неглупых людей в банке. Всё говорит мне одно и то же: посмотри, как люди по всему миру бедствуют, почитай, сравни со своим положением, мы с тобою ещё счастливцы выходим... Но я не могу успокоиться тем, что немецкие агенты в Лондоне взорвали завод военной амуниции и едва не полтысячи народу убили. Мне этих взорванных англичан жалко, очень жалко, и семьи их жалко, но от того не становится меньше жалко должных впасть в нищету моих домашних — ненавидящую меня жену, кухарку, вечно забывающую в суп соли бросить, горничную, дворника и собачек, собачек китайских!

Говоря короче, от этих, никогда в последние месяцы и даже годы не покидающих меня мысленных страданий принял я экстренную меру, благо как раз поравнялся с небольшим заведением позади Красных ворот. Мера состояла в двух подряд рюмках смирновской, заеденных небольшой сайкой, и в третьей, выпитой уже безо всяких, под расчёт. После уличной сырости и мороза с ветром сделалось мне жарко, пришлось расстегнуть шубу в поисках платка...

И тут вдруг я увидал себя со стороны. Будто даже не в зеркале, а именно как-то издалека, вроде бы проходя мимо трактира и заглянув в окно. Вот стоит приличный господин немолодых лет, в хорошей шубе на лирном меху, котелок в руке держит, утирает вокруг рта и под носом после выпитого, сигару раскуривает, но хмурится чего-то... А чего ему не хватает? Всё у него есть.

Утешился. И всего-то надо было — водки выпить.

В таком не то чтобы приятном, но облегчённом настроении пришел в службу, разделся, сел телеграммы смотреть и быстро, надобно заметить, с ними справлялся, тут же диктуя ответы барышне прямо на ундервуд либо ставя решения на том, что ответа не требовало. Делал это почти механически, рутина, знакомая мне по крайней мере лет пятнадцать.

Разобрав таким образом почти всю почту, отправился к М-ину на совет. К тому времени следствия от выпитого уже прошли, настроение моё снова испортилось, а совет его никак не улучшил. Положение наше оказалось ещё осложнённей, чем я полагал. Наличные деньги от прибыли во всяком виде, и в бумагах, и в золоте, хранились здесь же, в подвале, в несгораемых ящиках, к которым приставлены три артельщика в три очереди, вооружённые револьверами Нагана. Да ещё по панели перед нашей и соседней банкирскими конторами прежде прохаживался городовой, просто для порядка, и потому от нас награждавшийся к праздникам десятью рублями, но что-то не видно теперь того городового... Трудность же заключалась в том, что суммы скопились большие, так что следовало выбрать: оставлять ли их в стальных ящиках, либо перевести всю наличность в акции, либо отправить со специальным курьером в цюрихские хранилища.

Относительно ящиков все были единодушны: и Н-ев, и Р-дин, и дураковатый З-ко, и сам М-ин считали, что положение в Москве ненадёжное, еле не каждый день пишут в газетах о грабежах, о беглых кассирах и прочих покушениях на наличность, так что никакие стальные ящики спокойствия не обещают.

Что до покупки на эти деньги даже самых надёжных акций, то это сейчас стало бы чистым безумием, потому что все котировки скачут, 4%-ная рента едва ли не до 80 рублей, «Кавказ и Меркурий» до тысячи с небольшим, Восточное общество около 400, Братья Нобель немногим меньше двух тысяч... А когда такой ажиотаж, то биржа в любой момент может упасть. При этом съестных припасов не хватает, товарные поезда не успевают подвозить, всё дорожает, а хлеб, особенно белый, и по карточкам не всегда получишь. Сейчас в Петрограде уже совсем нехорошо, из чего следует, что скоро будет и в Москве. У магазинов хвосты народу. Так что любые акции ещё ненадёжнее несгораемых ящиков, когда дело голодными беспорядками пахнет.

Наконец, отправка наличности в Швейцарию или в Англию. Дело и в мирное время было бы рискованное и тяжёлое, не единственно потому, что ограбить могут не только в России, но даже в Англии, а и просто сил потребовалось бы много, мешки неподъёмные, и надо было бы нанять курьера, надёжную охрану и брать носильщиков, и немало заплатить не только за их службу, но и за самый проезд. А тут ещё и война: где курьеров найдешь, чтобы им доверить эдакие деньги? И, главное, каким путём везти? Можно через Финляндию и далее по Европс тайно, но риска много, что в Германии российские средства арестуют. Можно через Архангельск пароходом в Англию, но там как раз на германскую субмарину попадешь... По существу дела надо признать, что европейские границы сделались к концу прошедшего года почти непреодолимы, так что перевозка должна стать настоящей военной операцией, а кто её исполнит?

Между тем, в наличности этой заключена как раз вся наша, участников совета, они же и главные дольщики банка, прибыль. До поры мы считали, что так надёжней всего, и, по существу, были правы. Но в каждой правоте есть своя ошибка…

Ни до чего не договорились, просидевши более трёх часов, и разошлись все с мигренью. А М-ин ещё оставил у себя Ф-ова, видимо, для отдельной беседы не по предмету совета.

Обязательно погибнет наш банк, обязательно!

Мучимый головной болью, я решил на этом занятия сегодняшние закончить и опять пешим ходом отправился на вокзал, проветриться по дороге. Конечно, и опять заглянул куда не следовало бы, рядом с магазином Высоцкого, пил… Потом, с поезда, зашел в станционный буфет, встретил соседа С-вича, через две дачи от нашей живёт, служит в управлении Московско-Казанской железной дороги, из выкрестов. Потребовали под предлогом встречи полбутылки сомнительной водки (коньяк был ещё сомнительней), сардин, языка холодного с хреном, окорока ломтями… И долго вспоминали летние концерты в нашем малаховском театре. Ведь там за обязательный свой бешеный гонорар сам Шаляпин

XXXVIII   *6/I/1917*

пел, не кто-нибудь! А потом сбились на обычное — Алексеев, Гурко, Брусилов... И снова — Чхеидзе, Пуришкевич, Щегловитов... Вдруг С-вич, тихий и добрый человек, затрясся и зашипел, как кот: «Ненави-жжжу! Всех! Будь они прокляты, изломали жизнь людям, изуродовали страну! И сам... помазанник, а?.. Вырождение, вырождение, а нам-то за что?!» Замолчал, вытер показавшиеся слезы салфеткой, отвернулся... Выпили ещё по рюмке, потом вместе, шагая след в след, пошли по узкой тропинке между высокими сугробами не слишком давно выпавшего снега. Стемнело уже густо, снег отливал под звёздами синевой, собаки гулко лаяли и вдруг принимались выть во дворах, а издалека, от пруда, где устроен каток, который будет вплоть до пробивания иордани, чуть слышно доносились голоса... На перекрёстке мы коротко распрощались.

Да, невесело прошел день. И опять буду утром держаться за бок, горячий ком в животе будет ворочаться, смерть мерещиться... Ах, не надо бы мне пить!

23 янв.

Утра 9 часов

МОРОЗ С КРЕЩЕНЬЯ ДЕРЖИТСЯ КРЕПЧЕ 20 градусов, а мне сегодня предстоит дальняя поездка.

Проснулся рано, читал в постели вчерашние газеты, поскольку вчера не имел на это ни минуты досуга, из Москвы приехал в двенадцатом часу ночи, весь день в банке неотрывно занимался и не заметил, как время прошло. Впрочем, новости в газетах такие, что их бы и вовсе не читать, да только от такой страусовой позиции жизнь не изменится. Так что сейчас дождусь кофе (как обычно, жду долго, а принесёт горничная кофейник уже холодным и к нему булки чёрствые; впрочем, того гляди, и таких не будет, за мукой везде очереди и ограничения) да отправлюсь на станцию в мерзейшем расположении.

Уже и у нас взрывы пошли, вот Архангельск… И каких ещё доказательств измены, очевидной всей стране, надо? Во время войны сами собой порты не взрываются. Тем больше, что германцы воюют безо всяких правил и объявили войну субмаринами даже и нейтральным судам. Так и надо теперь, в этом новом веке цинического бесчестия, наглого пренебрежения всеми вечными законами. Верно у Достоевского, которого уж вспоминал здесь, замечено, что если Бога нет, то можно решительно всё, что угодно зверю в человеке. А Бога и всех вообще богов всемирные либералы сильно потеснили за последние десять лет.

Конечно, я сознаю, что среди культурных людей я со своим старосветским отвержением всего, что считается прогрессом, а на самом деле есть злобное шутовство, тление и распад, получаюсь совершеннейшим монстром, ретроградом и едва ли не каннибалом. Да ещё православие

23/I/1917   XLI

57

моё, сохранившееся, несмотря на университет, хотя и не слишком истовое… Однако тут ещё посмотреть надо, кто каннибал — тот, кто хочет, чтобы оставалось всё не хуже, чем было, или тот, кто готов миллионы в землю положить, чтобы другим миллионам стало лучше, наступила полная свобода и никак не больше восьми часов в день работы. И обязательно справедливость! Ради установления справедливости между странами всю Европу пожгли, народу угробили больше, чем Тимур и Наполеон вместе, а ещё сколько угробим ради установления справедливости между людей, неизвестно…

Ладно, достаточно, а то вовек эту заметку не кончу.

Между прочим, вот интересная вещь: от своего ретроградства я и пишу старым слогом, и сам замечаю, что теперь так уже никто не пишет. Теперь пишут, как Горький, будто лают: «гав! гав! гав!» И одни тире сплошь, это не проза русская, а азбука Морзе. Впрочем, как я пишу, совершенно не важно, поскольку никто моих заметок читать не будет, однако ж любопытно, что действительно выходит, как у какого-то француза, «стиль — это человек».

Пора завтракать и собираться в Москву. Сегодня обязательно надо встретиться с нею, уж более месяца не видались, а потом будет Великий пост... И ведь не осталось уже ничего, кроме дружеского отношения, да и не нужно обоим уже ничего, устали, умерла любовь без надежды. А всё увидеть тянет, посидеть молча в шуме и гаме трактира где-нибудь у самой заставы, даже и там непрестанно оглядываясь, не зашёл ли кто из знакомых, хотя какие могут быть знакомые в таком месте... Несчастные мы люди! Мне, по моему эгоистическому устройству, всё себя жалко, а про её отчаяние стараюсь не думать. Если же думать, то становится вовсе невыносимо. Ей-то каково придётся, когда до самого плохого дойдет? А я помочь не сумею, я и сам со своими убогими погибну. Одна надежда — на него, а он не в меньших трудностях, что и я. Мы вообще многим схожи...

23/I/1917   **XLIII**

И начну я, как всегда, жаловаться ей на свои обстоятельства. И нехорошо это, неблагородно взваливать на неё свои бессонные страхи, а кому сказать? Не жене же, которая поглядит своими, словно из зелёного льда, глазами, будто в грудь толкнёт, и перебьёт на втором слове, ещё и не услышав, о чём речь...

Нет, не всё следует и в эту тетрадь писать. Пишешь, а перед самим собою стыдно делается.

К тому ж наконец подан кофе — натуральным образом, холодный.

1 февраля

РЕДКО ПИШУ, ТАК ВЕДЬ И СВОБОДНЫЙ час выдаётся всё реже. Приезжаю намёрзшимся, усталым, в расстроенном состоянии духа, куда ж писать... Будто окоченело всё во мне. Неудивительно, впрочем: морозы держатся 20-25 градусов, и так везде, даже и в тёплой Европе. Наказывает Господь людей, а им всё никакого удержу нет.

Одно есть странное улучшение в моей жизни — меньше пьянства. Вот что значит страх! Поначалу был обратный результат, каждую минуту хотелось приложиться, чтобы страх унять, а теперь уже и этого не хочется, потому что если выпьешь, то вместо страха жизни нападёт страх смерти, как будто с каждой рюмкой отнимается от жизни минута, час, а то и день. Да ведь так оно и есть, вот в чём штука. Словом, как бы оно ни было, а в буфетную по ночам не хожу вовсе, да и днем в заведения не заворачиваю — ежели откровенно сказать, то, не в последнюю очередь, в рассуждении цен. Дорогая стала отрава!

Служба забирает целый день, удивительно, что вся финансовая механика действует в такие времена не только исправно, но полным ходом. Столько платежей в мирный месяц не проходило через нас, сколько сейчас в день. Конечно, рубль уже не тот, но всё равно на десятки тысяч считать приятно человеку, всю жизнь приставленному к чужим деньгам. За этой приятностью провёл время до обеда, перекусил тут же, на столе среди бумаг, пославши предварительно курьера в домашнюю столовую на углу Армянского за пирогами с кавказским сыром. Ими с чаем и удовлетворился, и то хорошо, а что дальше будет, вообразить нельзя: за хлебом хвосты, белого почти вовсе нет, а чёрного дают где по три, а где и только по два фунта на одного покупающего, а французская булка в фунт весом уже стоит 15 или 18 к., только её купить почти невозможно.

Что удивляет: у нас в Малаховке ничего подобного не происходит. В двадцати и даже меньше верстах от Москвы будто и нет военных трудностей. В пекарне возле станции любого печёного хлеба можно купить сколько угодно, в маленькой съестной лавке возле станции же предлагается любой товар, который там и раньше был, а судя по тому, что кухарка не предъявляет претензий на увеличение ассигнований, то и цены там немного не довоенные. Вот в какие едва ли не последние дни обнаружилось все ж таки важное преимущество моей дачной жизни.

Это странно и наводит вот на какую мысль: а не есть ли продовольственные трудности в Петрограде и Москве такие же следствия измены и немецкого влияния, как взрывы в разных местах и глупости в военном командовании? Принимаются повсеместно такие несуразные меры, что даже я, совсем не государственного ума обыватель, вижу их нелепость. Например, приостановление в январе на месяц с лишним Думы и Государственного совета. Либо уж вовсе разогнать их по военному особому положению, либо пусть говорят своё! А так получается одно только ненужное раздражение всех этих говорунов, которые и без того высказывают такое, будто на жаловании у кайзера состоят. С них и спроса нет, у этой публики ни совести, ни большого ума, рубят свой сук, но как же Государь может так вести дело? Значит, Алиса... Нет, не хочу так думать, потому что тогда и сам не буду отличаться от тех, кого презираю. Вот ведь беда: и Чхеидзе всё призывает покончить с прежней Россией через революцию, и Пуришкевич приближает, по существу, тот же конец своими обличениями. И это вместо того чтобы, напротив, призывать к усиливанию власти и единой, всеми сословиями, ей помощи... Неужто они, люди, все ж таки, очень неглупые и опытные, не понимают, что любое «обновление» обернётся

сейчас ужасными бедствиями и полным разру-
шением, от которого выиграют только герман-
ский враг и свои, российские, враги порядка
и благополучия, холодные преступники, а все
прочие, в том числе и сами критики власти, пострадают или вовсе погибнут?!

Все обновления во всей человеческой истории
были вот какие: одни ужасные зверства устра-
нялись, а другие вместо них появлялись. Вот
публичных казней на площадях, под хохот и ру-
коплескания толпы, теперь в порядочных госу-
дарствах почти не стало, даже в Турции уже не
на кол сажают, а милосердно вешают. Но лучше ли человеку, не повинному ни в каком преступлении, кроме призывного возраста, задох-
нуться на грязной земле от ядовитого газа, тер-
заясь и изблёвывая внутренности, чем убийце
быть повешену? Добросердечнее ли стали люди,
ради глупых амбиций глупых правительств по-
сылающие теперь простого человека, не пре-
ступника, на такую смерть, чем были, когда
ведьм на кострах жгли? А какие ужасы ещё бу-

дут придуманы для мучительного истребления невинных людей в грядущих войнах... Вот и весь прогресс: от древнего сдирания кожи с язычников другими язычниками до разрывания христиан на куски бомбами других христиан. Возможно, эта война идёт уже не людей против людей, а именно всех людей вместе против Бога. И не люди в ней победят, а тот, кто ими властвует, Князь тьмы.

Почитавши после «роскошного» обеда газеты, наводящие на такие мысленные кощунства, бросил их, чтобы далее не огорчаться, и продолжил исполнение обязанностей, да так до самого вечера, до семи, и просидел. Потом обычная дорога в более чем два часа, потом слишком плотный, с голоду-то после целого дня, ужин (не пил вовсе, даже вина!) из закусок и жареной курицы, и теперь вот дописываю эту заметку, а глаза сами собой закрываются... Интересное наблюдение: сон мой сделался лучше, как не стал пить водки.

10 февраля

ДАЖЕ И НЕ ЗНАЮ, ЧТО ЗАПИСЫВАТЬ. Общее положение такое, что про свою жизнь забываешь, кругом одни лишь беды и неприятности, а в глубине души заячий страх, так что и от новостей отвлечься нет сил, и становится от них ещё страшнее.

Между тем, публика на поверхностный взгляд ничем не озабочена. Был по некоторым делам на Тверской, там среди бела дня у электрического театра хвост желающих не меньше, чем у булочной Филиппова. Древние-то были правы относительно хлеба и зрелищ. Только я опасаюсь, что одними лишь тенями на простыне народ в своей охоте зрелищ не ограничится, а устроит себе такие развлечения, что хлеб и вовсе пропадёт — и мы все вместе с тем.

Однако жизнь и следующая за нею смерть идут своим чередом. Внезапно скончался З-ко, Царствие небесное. Человек он был мне чужой и даже неприятный, тем не менее, когда обнаружилось, что он в ночь на 6-е, будучи дома один — был холост, прислугу отпустил до утра, скончался, видимо, от сердечного припадка, я едва не заплакал. Всего тридцати семи лет! И ведь как всё в нас подло устроено: тут же в глубине себя и обрадовался, мол, я-то на шестнадцать лет старше, а жив, жив, жив... И не задыхался ночью в отчаянии и истекающей надежде, и не лежу сейчас в прозекторской больницы Боткина с разрезанной для установления истинной причины смерти грудью... А не от страха ли, подобного моему, и З-ко помер? Вполне возможно, этот страх сейчас многие чувствуют. Рухнет мир и всех нас придавит.

А что мир рухнет, в том сомнений всё меньше. Последними и Северо-Американские Штаты ввязались в войну, так что, вполне может быть, теперь и в этой отдалённой ото всего республике не спрячешься. Вот усовершенствуют аэропланы, а германцы очень даже на такое способны, и начнут бросать бомбы через океан... Тут уж ничего не останется, как только либо Германию общими силами уничтожить, либо она всех разобьёт. Но нашей России в любом исходе ничего хорошего не видать. В других странах их умники хотя бы революции не требуют, с них Великой французской хватило, а у нас обязательно дело к смуте повернётся — не впервые.

Прочитал бы кто из знакомых эти рассуждения, так глазам бы не поверил. Образованный человек, в университете учился, а пишет, как темный охотнорядец, патриот и ненавистник всего нового, идеального и благородного. Но стесняться мне некого, заметки эти никому не предназначены, а перед собою делать умную мину незачем. Как думаю, так и пишу.

Похоронили З-ко вчера, народу, ввиду обилия у него знакомых и приятелей по клубам и ресторанам, было много. От Ваганькова поехали поминать кто куда компаниями. Я, зачем-то с не совсем известными мне людьми, отправился выпить рюмку за упокой души в особый зал в начале Страстного бульвара, где обычно заказывают свадьбы и поминки. Пробыл там менее часа, сидел рядом с молодым человеком, представившимся младшим кузеном З-ко. Юноша служит по налоговому ведомству и потому не призван. Ходит, однако, в военном жакете с большими карманами и в высоких крагах. После нескольких обязательных слов о покойном, который, оказывается, и в отроческие годы был весельчаком и душой компаний, заговорили, натурально, о настоящем положении дел. Я поначалу высказывался в своем мрачном духе, но после замолчал совершенно, изумленный образом мыслей собеседника. Он уверен, что в ближайшее время произойдёт, конечно, революция, но ждёт от неё исключительно «свободы и раскрытия народных сил». Вследствие чего Германия будет разгромлена к середине года, наступит небывалый в России подъём наук, а особенно искусств, парламентское устройство по образцу английского «приведет к власти лучших представителей всех сословий, в том числе пролетариев и вольных земледельцев, получивших землю в полное и безвозмездное своё владение», и настанет истинный рай. Народным просвещением, утверждал юный предсказатель, будет ведать поэт Бальмонт. И всё это всерьёз, с жаром, говорил служащий того государственного института, на котором стоит держава! Я даже и возражать перестал через четверть часа, распрощался, внес какому-то господину, показавшемуся организатором, свою долю за стол, и быстро ушёл.

Вот после этого печального, но отчасти фарсового события я и оказался на Тверской. И точно — может быть, прав налоговый юноша? — зрелище этой центральной московской улицы было такое, будто ничего дурного не только не происходит, но и не может происходить. Даже и хвосты народу возле булочных и гастрономических магазинов (очереди везде, вплоть до самого магазина Елисеева, где в прежние времена один покупающий приходился на одного приказчика) не внушали обычной при их виде тоски. Мимо шла нарядная толпа, дамы в модных шляпках кастрюлями и господа в отличных шубах и кое-кто даже в цилиндрах. Поскольку по делам такая публика передвигается в собственных экипажах, даже многие в авто, или, на худой конец, на самых дорогих извозчиках, то следовало предположить, что все они гуляют без какой-либо цели, кроме развлечения, рассматривания друг друга и витрин. Где же война, где полные грязи и крови траншеи, где безумные прожектёры, готовые вручить власть доведённому до крайней злобы народу, где все мои страхи? Ну, постоят люди в очередях за хлебом, а потом восторжествует свобода, и хлеб сам собою объявится...

А дома сумеречно, из экономии керосина, возможно, лампы зажжены через одну. Кухарка внесла супницу и едва не уронила её, налетев сослепу на стул. Дворник, видимо, плохо топил, и не только в столовой холодно, отчего жена вышла к столу в шерстяной уральской накидке поверх платья, но и в моём кабинете на втором этаже, где всегда жарко. И такая обстановка представляется мне более подходящей тому, что творится. Холод и мрак.

11 февраля

9 часов вечера

ОПЯТЬ СИЖУ У СЕБЯ В КАБИНЕТЕ, КУРЮ, хотя даже и не хочется, а просто так, механически, и пишу в тетрадь. Все в доме спят, ложатся у нас по-деревенски рано. И кажется мне, что это спит, не слыша подступающего врага, обречённая крепость, вроде той, что у Пушкина была под комендантом Мироновым, а я бодрствую, как часовой караульный. Да что ж от одного караульного, да ещё и насмерть напуганного ночными страхами, толку? Кого поднимать «в ружьё»? Женщин и инвалидов?

Ноги от неподвижного сидения даже в меховых туфлях замерзают, хотя сегодня дворник натопил на совесть, дров у нас, слава Богу, запасено достаточно, а то бы платили теперь по пятидесяти и больше рублей за сажень. Но сейчас в кабинете тепло, в зимнем халате даже жарко, только по ногам подувает...

Добро было бы лишь из газет о всемирных неприятностях узнавать, тут действительно, как предлагает Н-ев, можно бы утешаться всеобщностью бед. Как на кладбище — мол, все там будем. Хотя что-то не знаю я среди своих знакомых тех, кто таким образом искренне утешается, все трясутся перед смертью, и сам его сиятельство граф боялся и твердил, что если смерть обязательна для всех, то и жизни не надо. Одни только крестьянские старухи её не боятся.

Но ведь даже не в смерти мой главный ужас и бессонница, а в том, что будет до смерти! Надо приготовиться к плохому, к невообразимо плохому, а как к нему приготовишься? Пустить жизнь на произвол судьбы, не думать о том, что все эти несчастные, тихо спящие сейчас в моём доме, будут страдать и погибать, страдая? А как же не думать, когда об этом только и думается?

11/II/1917 LIX

Никакого плана составить не могу. Чувствую так, будто поднимается потоп, а какой против потопа план? Я ж не праотец, которому план от Создателя был внушен, и дача моя — не ковчег, сразу потонет.

Эдак и уму недолго помутиться, когда одна идея не отпускает ни днём, ни ночью.

Интересно, как же другие живут? Или они не чувствуют того, что я чувствую, и даже не то чтобы чувствую или предощущаю, а просто вижу так ясно, словно оно уже настало...

Ладно, хватит о душе, надо бы и о делах.

Однако и в делах нет ничего хорошего. На глазах всё разрушается и пропадает. На фронте совершенный провал, и никакие Алексеев, Гурко, Брусилов, Драгомиров и даже хотя бы сам Александр Великий ничего не смогут сделать, когда мужики с винтовками, голодные и грязные, начинают думать не об атаке, в которую им сейчас бежать, а исключительно о доме, весенней пашне и голодных без них бабах и ребятишках. И эту войну мы опять проиграли.

LX   11/II/1917

А как может воевать солдат, ежели у него уже давно нет любви ни к Вере, ни к Царю, ни к Отечеству? А есть только твёрдое знание, что он воюет за питерских и московских дармоедов, сидящих в теплых конторах и обедающих непременно с мясом... У нас армия нищих.

Вчера ехал в трамвае через Большой Каменный мост, зашел солдатик — видно, после лазарета, с рукой на косынке. Низкорослый, так что я, сидящий, оказался с ним глазами почти вровень. И он не отвел глаз, а, напротив, посмотрел прямо и дерзко. Сколько же злобы было в этих глазах, злобной тоски и готовности растерзать кого угодно, вот хоть бы меня! Тут же, едва переехали мост, на Болоте он и вышел и, выходя, ещё раз посмотрел мне в глаза, а выйдя — плюнул на бок трамвая, еле не в стекло против моего лица. Это у него рука раненая и в руках ничего нет, а был бы здоров и с винтовкой? Он же от ненависти уже ничего и никого не боится, ни офицеров, ни Бога, тем больше — городовых...

И не сказать ведь, что я так страдаю за народ, как наши самодельные социалисты и барышни, считающие народом ломовых извозчиков. Ни в какое равенство ни на земле, ни даже на небесах я не верю, понимаю, что никогда не смогут все жить одинаково, пусть хотя бы только одинаково сытно и удобно. И почему такие глупости ещё со времён Сен-Симона и прочих выдумщиков занимают умы вроде бы серьёзных людей, не возьму в толк... Так что я не социалистического рая жажду, а просто боюсь! Как боялся бы, если б оказался рядом с бомбой, а какие-нибудь глупые дети развели бы вокруг этой бомбы костёр. Именно с бомбой играют те, кто адресуется к «страдальцу народу» и сулит ему счастье «социальной революции».

Мне кажется, что безнадёжность нашего положения в войне понятна любому, а в газетах все обещают победу к следующей зиме. Они идиоты или заведомые лгуны?

Не лучше и в тылу, где жизнь меряется не пулей, а рублём. Что воровство цветёт махровым цветом, так этим нас не удивишь. Скажу более: не знаю, что здесь следствие, а что причина, но воровство и процветание у нас одно без другого не бывают. Так что не воровство пугает, а то, что воровать уж не из чего. Построился давно известный порочный круг: деньги дешевеют, а всё прочее дорожает, денег не хватает, казна печатает, и от этого деньги ещё больше дешевеют. Как выйти из этого круга, никто не знает, и я, понятное дело, не знаю. Покойный Пётр Аркадьевич Столыпин, вечная ему память, мог бы найти путь, так ведь у нас такие, как он, в живых не задерживаются, зато какой-нибудь Милюков или, того пуще, Керенский всегда требуются, чтобы рацеи читать и призывать «к добру и свету» озверевшего от всего происходящего обывателя. Доставка по железным дорогам совершенно нарушена, а без неё в такой громадной стране никакая деятельность невозможна, без промышленной же деятельности не поможет никакой урожай, будь он даже самый удачный — где городской рабочий денег возьмёт на хлеб, если завод встанет?

И всё остальное так же. Положение Церкви ужасное, и сделала таким его сама Церковь, прости меня, Господи. Вместо утешения и призыва к смирению одно твердят — «победы на супротивныя даруй». Какой победы? Ну-с, конечно, и вольномыслящие наши властители умов стараются, выставляют Веру предрассудком, а всех священников лицемерами и нахлебниками. И за это будет расплата...

Об искусствах наших и творцах не стану писать, уже писал выше, о них писать — только нервы испытывать. Декаданс значит по-русски упадок, вот и весь о них сказ.

Говоря короче, кругом такое безнадёжное положение, что, хоть сколько угодно зарекайся, непременно возвращаешься к собственным обстоятельствам. Государство погибнет, это горько. Но от этого не меньше, а может быть, и больше горько, что и близкие погибнут.

LXIV · *11/II/1917*

И китайские собачки замёрзнут, голодные, под каким-нибудь уличным забором.

Даже себе стыдно признаться, за кого молюсь — за него, от кого она зависит. Хотя бы он устоял и её спас...

В газетах небывало много объявлений о смертях. И не одни только вольноопределяющиеся и прапорщики, «геройски» и «с честию и отвагой», а обычные старики, средних лет и даже молодые люди — «от тяжкого недуга», «внезапно» и вплоть до «во благовремении». То ли отчаяние, подобное моему, то ли ослабнувшие морозы подбирают за собой людей.

И всё к себе прикладываю.

Слабый я человек.

12 февраля

С ПРОДОВОЛЬСТВИЕМ ДЕЛА ОБСТОЯТ ВСЁ хуже, а в Петрограде, судя по газетам и слухам, ещё хуже. Особенная нехватка хлеба, а ведь это для большой части российского населения главная еда.

В банке всё идет своим чередом. М-ин сам принял решение: с отправкой наличности погодить до весны или даже лета, когда, есть надежда, положение в войне изменится в ту или в другую сторону, но, во всяком случае, могут стать более проезжими железнодорожные сообщения. Мы, высшие служащие, с М-иным не спорили, потому что никто ничего не имел сказать определённого.

LXVI

12/II/1917

Любопытное явление: на улицах появилось много, гораздо больше прежнего, автомобилей. Откуда они взялись в нищающей на глазах Москве? В легковых теперь ездят, пренебрегая извозчиками, военного времени скорые богачи и чиновники не разберёшь какого ведомства — все в шинелях, фуражках с кокардами и в кожаных крагах. А на грузовых площадках стоят какие-то молодые люди и барышни, на вид студенты или мелкие служащие. Лица у них серьёзные, на прохожих и коляски смотрят сверху презрительно. Некоторые везут свёрнутые флаги на высоких палках, и это, могу ручаться, не трёхцветные государственные полотнища, а памятные с пятого года кумачи. Городовые и полицейские на перекрёстках смотрят в сторону...

Сегодня с утра говорил с благоверной. Попытался мирно и рассудительно объяснить будущую опасность, предложил после Пасхи уехать ей с горничной и собаками на всё лето в Крым, в давно знакомую Аутку, снять там дачу, чтобы переждать худшее, если возможно ещё худшее.

На плату за дачу и на прожитие там лета я наскрести, надеюсь, смогу. Она глядела с холодным недоверием, однако в конце моей настойчивой речи коротко обещала подумать. Когда же я надевал в прихожей калоши, чтобы идти на станцию к поезду, вышла и решительно объявила, что в Крым не поедет. Впрочем, добавила «пока».

13 февраля

ДЕНЬ ПРОШЁЛ ТЯЖЕЛО. ОНА ТЕЛЕФОНИровала из дому приятельницы мне в банк и прямо спросила, не смогу ли я — сказала «не захочу ли» — приехать завтра в давно знакомые нам по прежним свиданиям номера на Покровке. Место это тихое и, если соблюдать осторожность при входе, безопасное в рассуждении встречи знакомых.

Но я был принужден отказаться, потому что занят в последние недели по горло, и все служащие, в первую голову начальники департаментов и сам М-ин, сидят в присутствии без выходных и праздников.

Без сомнения, она оскорбилась. Отказ последовал её первой, кажется, во все наши годы просьбе! Тихим голосом она попрощалась и дала отбой.

А мне весь день стыдно, отвратителен себе так, что самым настоящим образом тошнит, тянет пустота под грудиной. Кругом получаюсь я негодяй, и перед нею, и перед женой, и даже Матвею, дворнику, в лицо смотреть, когда он мне калитку вечером отпирал, было стыдно. Чего ж оставалось ждать? Натурально, забрал из буфетной к себе в кабинет графинчик, да вот уже и приканчиваю его под яблоко и папиросы.

Вот есть Чехова рассказ «Дама с собачкой». Там некто Гуров, тоже университетский из простых, страдает от похожих обстоятельств, но остаётся жив, только грустен очень. И всё там неправда! Хотя многое точно схвачено, и даже знакомство любовников происходит, как и у нас было, в Ялте. Но всё не то... И про собачку, между прочего, ни единого, почитай, слова нет, кроме как в названии.

Мне же положительно не стоит жить. Всё хорошее, что было, сам погубил, а теперь уж от жизни хорошего ждать не приходится.

28 февраля

ЧТО Ж ТУТ НАПИШЕШЬ? НАЧАЛОСЬ. В Петрограде были беспорядки, по хлебным очередям стреляли, а кто стрелял, неизвестно. Кажется, объявлено о сборе чрезвычайного совещания для организации продовольствия Петрограда, но и это точно неизвестно, потому что ни петроградских газет нет, ни московских. Остановились трамваи, телефонная станция молчит. Остались одни только слухи.

28/II/1917	LXXI

3 марта

ВЧЕРА ВО ПСКОВЕ ГОСУДАРЬ ОТКАЗАЛСЯ от трона и передал его Вел. Кн. Михаилу Александровичу.

Словно кошмарный сон видишь.

Господи, помилуй нас, грешных.

| LXXII | 3/III/1917 |

5 марта

ПИСАТЬ НИ ВРЕМЕНИ НЕТ, НИ ОХОТЫ. Да всего, что было за последние — вот уж истинно последние! — дни, и не опишешь. Вокруг Кремля стрельба, перед городской Думой толпы, слухи такие, что понять ничего нельзя. То Алексеева объявили диктатором со всеми полномочиями, то Протопопова, то Протопопова же убили, то никого не убивали, а все войска уже на стороне нового правительства, называющегося временным.

И всё это, прошу заметить, Великим постом! Вот дьяволу радость...

А во мне будто пружина какая-то лопнула. Ко всему этому ужасному и представлявшемуся даже мне, всегда драматически настроенному, всё же не совсем вероятным ещё полмесяца назад, я вполне безразличен. Будто смотрю на сцене плохо представленную и чересчур «тр-р-рагическую» пьесу.

Единственное, что удивляет: в банке всё идет, будто ничего ровным счётом не произошло. Люди деньги несут, другие, напротив, берут, служащие считают и бумаги выписывают, наш брат, начальник, подписывает эти бумаги и от времени до времени требует от курьеров чаю... Телефонная станция, хотя и с перерывами, соединяет, трамваи, по слухам, завтра начнут движение, прочее же всё на вид вообще спокойно. Толпы с флагами, все эти люди с бантами и с какими-то цветными кокардами на груди — сами по себе, а обычная жизнь сама по себе. Вот по Неглинной солдат идёт с винтовкой, которую тащит за собою по грязному снегу, как костыль, стыдно смотреть, а вот на углу Кузнецкого дама с круглой шляпной картонкой садится на извозчика, осторожно подбирая юбку, милая картинка. Вот манифестация на Воскресенской площади кричит и флагами машет, а вот на Тверскую из кофейни два приличных господина вышли и стоят, беседуя и дымя сигарами. Вот куда-то бежит прапорщик, весь в портупеях и бантах, всех толкая и у всех прося прощения, а вот хмурый, но тоже в банте городовой спешит близко к стенам домов, но мальчишки всё равно за ним бегут и свищут... Очередей за хлебом стало меньше, хотя и хлеба дают меньше, чем при сброшенной власти. К вечеру на улицах и вообще пусто, то ли боятся люди выходить, то ли нужды нет — не то положение, чтобы по театрам и ресторанам ходить. Однако у кинема народу толпы...

Всё. Ни слова больше об этом. Это всё я ни знать не хочу, ни описывать. Без меня сыщутся летописцы, наврут с три короба, а этой тетради через недолгое время найдется место в печи, так для чего ж писать о революции? Она ещё только началась, ещё не развернулась во всю силу, так что самое важное ещё впереди, но я и о том писать не стану. Теперь уж только о своей жизни, покуда она идёт.

Вчера днем ходил на Покровку, там встретились вблизи номеров. Она будто и не помнит обиды... Но уединяться не стали, и ей, и мне было не по себе, тяжело на душе, и мы, не сговариваясь, сразу направились в кофейню на углу, да там и просидели два с лишним часа. Почти даже не разговаривали и не смотрели друг на друга прямо, а всё больше в чашки и в стол, только поднимем глаза — и снова вниз. Наконец я через силу спросил её, как дела в службе у мужа. Она не удивилась, ответила спокойно, что дела идут, как и прежде шли в последние месяцы, то есть покупающих всё меньше из-за дороговизны, и приказчиков требуется меньше, так что из его отделения охотничьих предметов уже двоих уволили. И он сам хочет прежде времени получить от владельцев пенсион, даже и неполный, и жить спокойно на эти деньги и скопленное, да ещё, если будет нужда, сдавать комнаты в первом этаже студентам. На скромное житьё хватит.

LXXVI   *5/III/1917*

Говоря это, она всё так же смотрела в пустую чашку, где на дне осталось немного тёмно-красного чаю. Казалось, что она рассказывает не о своей, а о чужой жизни, которая совсем до неё не касается.

Но тут я ещё спросил о дочери, которой как раз неделю назад исполнилось четыре года, и увидел, как лицо её на мгновение болезненно исказилось, будто укололо её что-то. Минуту она молчала, потом произнесла ещё тише обычного — она всегда говорит очень тихо, так что я часто переспрашиваю: «Что ж дочь... Благополучно. Как раз на Рождество заболела, думали, что скарлатина, но обошлось. Сейчас с нянькой гуляет в сквере на Пятницкой...» В словах этих не было ничего особенного, так что я не понял, отчего её задел мой вопрос. Возможно, оттого, что её муж, как мне было известно, очень любит этого единственного и позднего ребенка, и потому ей неприятно говорить о дочери со мною. Первым у них, через год супружества, был сын, который трёх месяцев умер от дифтерита.

Попрощались, сидя за столиком, она лишь протянула мне руку для поцелуя. На запястье проступала синяя жилка, и когда я приложил губы, то почувствовал, как она бьётся. Еле не заплакал...

Боже, почему все несчастны рядом со мною? Почему все вообще несчастны вокруг? Почему в пропасть падает бедная наша Россия, почему тянет она за собою — в этом я не сомневаюсь — весь мир?

Да ведь знаю, почему. Даром только богохульствую.

Потому что таких, как я, с усталыми душами, живущих не по заповедям и не в неведении заповедей, а в пренебрежении ими, в прощении, данном себе за все грехи сразу и наперед, — таких стало много и становится всё больше. И это мы всё губим.

20 марта

СКОЛЬКО НИ ЗАРЕКАЙСЯ, А ОТГОРОДИТЬ-
ся от новостей, будь они неладны, не удаётся.
Ещё хуже водки появилась привычка...

Одно время, в самые первые дни, показалось, что настоящего бунта не будет. Власть
перешла к новому правительству быстро и по-
ти без сопротивления со стороны старого. Но
тут же, как водится у нас в России при любом
изменении, всплыли наверх дикость и злоба.
Для чего арестовали отрёкшегося от трона Николая Александровича с семьёй? Он же сам ус-
тупил власть. А в газетах, даже в «Новом времени», тут же принялись недавнего Государя
поносить в совершенно лакейском, хамском

тоне... И не так уж мирно всё произошло, в одном только Петрограде около двух тысяч положили, а сколько по всей стране — и вообразить трудно. Будто мало народу на фронтах убивают... А власти по сей день настоящей нет. Всё делят, портфели друг у друга из рук тащат, тем временем остатки хотя бы какого-то порядка и устройства жизни рушатся. Скоро в магазинах и последних припасов не будет, вот тогда питерская и московская улица себя покажет по-настоящему... Германцы тем временем добивают нас везде, где только можно, на одном Стоходе наших убито не то 20, не то 30 тысяч. Вот и «быстрый и победоносный конец войны», который, как обещали и социалисты, и кадеты, и все прочие, наступит, едва освободится Россия от бездарного самодержца и самодержавия... А откуда бы взяться этому славному концу, если одних генералов с позором изгнали, других и вовсе по каталажкам рассадили, если офицеров солдаты бьют «как они, черти, нас били», если мы на войну все деньги без толку просадили и сейчас уж точно последние просаживаем?!

Нет, невозможно об этом думать и писать. Хочется проклинать, а кого? Некого. А потому думать надо лишь о спасении близких и больше ни о чем.

Но сколько ни думай, ничего не придумаешь.

Никогда прежде так не поступал, а тут сказался М-ину крайне утомлённым и на границе нервной болезни — в сущности, сказал правду — и попросил, невзирая на то, что в банке работы чрезвычайно много, хотя бы три дня отпуска от занятий. Которые мне тут же и были даны, даже неделя.

Так что завтра в Москву не еду, а остаюсь дома. Надену высокие сапоги с мехом внутри, которые когда-то купил именно для прогулок по дачным окрестностям, и буду бродить по уже талому и в лесу снегу, рискуя провалиться в какую-нибудь грязную яму.

21 марта

8 часов вечера

НИКАК НЕ МОГУ ОПОМНИТЬСЯ ОТ БЫВ-
шего сегодня приключения. Славно начались
мои вакации...

Хотя на солнце уже совсем тепло, оделся я с утра по-зимнему, в сапоги и крытый толстым сук-
ном старый полушубок. В таком виде отправился бродяжничать и, как всякий русский бродяга,
прежде всего начал с ярмарки у железнодорож-
ной станции.

Положительно не могу понять, почему, но у нас
в Малаховке не то что революции, но и войны
по-прежнему не чувствуется. Разве только в том
новое, что исключительно одни бабы торгуют,
поскольку мужики призваны. Но продаётся ре-

шительно всё что угодно, а в съестной лавке даже и паюсная, на вид свежая икра неведомо откуда взялась, её здесь и в мирное время не бывало. Хлеба без всяких ограничений можно в булочной купить, и чёрного, и белого, тот и другой свежий, теплый, тут же и всякие булки. Цены, конечно, не довоенные, но и не нынешние московские, а вполне милосердные. В рядах на лавках разложен разнообразный товар — так как пост, то главная торговля идет соленьями, квашеной капустой и прочим тому подобным, а мяса вовсе нет. И стоя за этими лавками, бабы вежливо кланяются каждому подходящему — здравствуйте, барин. «Барин»! В Москве уже и «господина» не услышишь, всё «гражданин», а то и «товарищ», будто мы с каким-нибудь проходимцем, как Герцен с Огарёвым, клялись в дружбе, держась за руки...

Плохо я устроен: увижу или услышу что-нибудь отрадное, а вместо того чтобы порадоваться, непременно тут же вспомню о безобразном.

21/III/1917   LXXXIII

Покупать ничего не стал, только один маленький ржаной хлеб за 8 к., такой свежий, что, едва выйдя из рядов, отломил от него кусок и на ходу ел, как мальчишка. Сделалось жарко, распахнул полушубок, пересёк рельсы и быстрым, почти бодрым шагом пошел к церкви. При входе недоеденный хлеб сунул в карман.

В храме было малолюдно, служба отошла. Пересекая почти пустое пространство от клироса в левый придел, прошел высокий, с тонкой, сквозящей седой шевелюрой и длинной прямой бородой батюшка. Я поклонился, он благословил на ходу. Мы не знакомы, я прихожанин неусердный и даже не очень стыжусь этого — за всю жизнь стыдно, что ж особо за непосещение храма стыдиться... Поздно.

Взявши рублевых свечей, поставил их к образам и алтарю, помолился коротко и вышел. Поздно, поздно... А если Господь так милостив, что к нему обратиться и в последний миг земной жизни не будет поздно, то и ладно. Сейчас же, в моих страстях и, главное, унынии и даже отчаянии, молитва моя только слух Его может оскорбить.

Из церкви пошел, что называется, куда глаза глядят. Снова пересёк железную дорогу, углубился в рощу, по которой извивалась уже почти сухая, усыпанная истлевшими листьями, узкая тропинка среди чёрного и осевшего снега. Эта тропинка через час примерно ходу вывела меня к оврагу, в который роща сходила. По дну оврага, в узкой щели во льду, тёк ручей. Что-то меня подтолкнуло, как когда-то, в молодости, нередко подталкивало на очевидно нелепые и рискованные поступки: я, оскальзываясь твердыми, новыми подошвами сапог, хватая руками ветки, а иногда даже пригибаясь и придерживаясь руками за смёрзшийся ледяной снег, спустился в овраг, перескочил в самом узком месте полуоттаявший ручей — и только здесь понял, что выбраться ни на этот склон, ни назад, на тот, с которого спустился, я никак не сумею. Предприятие такое было бы не по силам и молодому, со спортсменскими привычками крепкому мужчине, а не только мне.

После минутного размышления я решил идти вдоль ручья в ту сторону, где, как казалось мне, была станция — авось, где-нибудь либо овраг кончится, либо обнаружится какой-нибудь след цивилизации в виде моста с лестницей. Я пошёл, и очень скоро понял, что и здесь идти не совсем просто. Никакой дорожки не было, я шёл криво, ставя правую ногу на откос, а левой едва не соскальзывая на слабый лед или прямо в мелкую воду ручья. Так я двигался ещё с полчаса и уже начал отчаиваться, как будто я заблудился не в подмосковном дачном месте, а в якутской лесной пустыне...

Но тут мне воздалось за слабую молитву: овраг резко повернул, а за поворотом я увидел, что склоны его понижаются и в полуверсте или меньше становятся уже вровень с дном, так что там я уж смогу подняться на поверхность земли. Я ускорил, как мог, шаг и быстро достиг ровного места.

Там, как бывает в жизни вообще, ждала моё упорство дополнительная награда: широкая, хотя давно не езженная дорога, в конце которой видна была, как я подумал, изба лесника. И над трубой её поднимался дым! Так что можно было рассчитывать на отдых — греться мне нужды не было, я и так от своего путешествия взмок, как загнанная лошадь — и даже, вероятно, на стакан чаю.

Замечу, что я, в последнее время стараясь меньше употреблять спиртного и ввиду поста, не взял с собою карманную английскую фляжку, которую прежде в свои редкие дачные прогулки непременно брал, заполнив предварительно чем полагается. Так что из припасов у меня имелся только хлебный огрызок в кармане, а я уж проголодался и очень не прочь был чем-нибудь у лесника закусить, что может у него найтись.

Дверь в избу, вблизи оказавшуюся запущенной и почти развалившейся, была прикрыта, но не заперта и тихо хлопала под небольшим ветром. Внутри было сыро и холодно тем особым холодом, который даже летом бывает в заброшенных жилищах. При этом наполовину обва-

лившаяся печь топилась! Правда, топилась не-
сильно, чёрно-красных углей было мало. И другие приметы человеческого существования бро-
сались в глаза: тряпки на лавке, явно служившие
постелью, большая медная кружка на кривом до-
щатом столе и рядом с нею криво выстроганная
ложка. Кто-то здесь если не обитал, то, по крайней мере, недавно переночевал и недалеко
ушёл... Но, во всяком случае, стало очевидно,
что никакого лесника тут нет, а был и есть где-
нибудь поблизости, наверное, какой-нибудь бродяга, скорей всего, преступник, которых сейчас
и в Москве есть основания бояться, а уж в лесу
ничего хорошего от встречи с таким господином
ожидать нельзя.

Слава Богу, не взявши (ещё раз упомяну)
фляжки с водкой, которую беру на прогулки
обычно, я взял зато с собою, неведомо для чего,
револьвер, который не беру никогда. Тут же я его
и вытащил, трясясь от страху и пытаясь сообра-
зить, как мне воспользоваться этой маленькой
машинкой Веблея, если вот сейчас, как выйду

наружу, столкнусь с разбойником. Я и стрелял-то только раз, когда купил... И теперь, через пять лет, забыл, разумеется, как стрелять.

Держа оружие в мокрой от нервов руке, я шагнул к двери, чтобы бежать, но услышал, как на крыльце топают ноги, и застыл.

То, что было далее, имеет отчасти юмористический характер, но делает мне честь как мужчине-воину, потому что вёл я себя совершенно в духе Пинкертона. В этой тетради скромничать не перед кем, так что опишу всё, как было.

За ничтожные мгновения, которыми я располагал до того, как дверь распахнется и появится кошмарный человек, я сообразил вот что:

первое — если оставаться на месте, то он меня тут же пристукнет, просто рукой, а уж если он вооружен, то и говорить нечего,

второе — если попытаться вырваться наружу то обязательно столкнёшься с ним лицом к лицу, и тут никакой револьвер тоже не поможет,

третье — надо, значит, стать так, чтобы он меня, войдя, сразу не увидел, тогда и у меня, и у моего оружия будет действительное преимущество.

Вот, пожалуйста, никогда я не воевал и даже в гимназии дрался мало, ни к каким приключениям не склонен и вообще, прямо скажем, трусоват, а не растерялся. Видимо, как раз страх и продиктовал мне поведение...

В один миг я без малейшего звука оказался стоящим так, что распахнувшаяся дверь полностью скрыла меня. Человек шагнул в избу и сразу склонился перед печью, сбрасывая на пол охапку мелко наломанных веток, дав таким образом мне половину минуты, чтобы рассмотреть его со спины.

Это был солдат, в разбитых грязных сапогах, шинели с неровными полами и сдвинутой на затылок серой папахе. Когда он наклонился, винтовка скользнула с его плеча и с грохотом ударилась об пол.

Тут же, под этот шум, я попытался ускользнуть в ещё не закрытую дверь, но он почувствовал движение и обернулся, не разгибаясь, по-

звериному. Так сколько-то времени мы и гляде-
ли друг на друга — он в наведённое на него дуло револьвера, а я в его жёлтые, действительно
волчьи, узкие и немного косые глаза...

Если уж я сегодня ударился в Майн-Рида в жизни, то буду последователен и в заметках, а именно — на этом интригующем месте их прерву,
а завтра продолжу с утра. Не перед кем старать-
ся, правда, потому что пишу для печки, но уж
просто ради соблюдения авантюрного жанра.

22 марта

7 с половиной утра

ИТАК, ПРОДОЛЖАЮ.

Он первым нарушил ужасное молчание (далее, пользуясь своей ещё сильной памятью, запишу эту драму почти дословно)

«Что ж, ваше благородие, стреляй», сказал он не разгибаясь и после этих слов сел на пол по-турецки, снял папаху, обнаружив рыжеватую стрижку ежом, и отвел глаза в сторону.

Осторожно, не отворачивая от него револьвера (и не зная, что надо сделать, чтобы выстрелить), я приблизился к нему, ногой отодвинул подальше от него винтовку и, подняв её за ремень, вернулся с трофеем на прежнее место, к двери.

| XCII | *22/III/1917* |

«Мне незачем в тебя стрелять», сказал я только после этого, услышав, как дрожит и отдает хрипом мой голос, «я в лесу заблудил и зашёл отдохнуть, а до тебя мне дела нет».

Он, ставши сначала на четвереньки, поднялся и тут же сел на лавку. Худое, немного татарское, как у многих русских, особенно из приволжских мест, лицо его не выражало совершенно никаких чувств, ни страха, ни досады, никакого смущения. На вид ему было около сорока, но простые люди обычно выглядят старше своих лет. Механически он похлопал себя по карманам шароваров, откинув полы шинели, как всякий, кто ищет курева, но, очевидно, вспомнив, что курева нет, успокоился и просто сидел, глядя на меня, но не прямо в глаза, а всё немного в сторону.

«Ты дезертир», спросил я, «ведь дезертир?»

«Кем же мне ещё быть», усмехнулся он, «разве не видишь, ваше благородие?»

«Как же ты с винтовкой и в военном бежал и сюда пришел?»

| *22/III/1917* | XCIII |

109

«А я из вагона ночью соскочил, как нас на фронт везли, здесь неподалёку и соскочил», совершенно уже спокойно, будто рассказывая своему товарищу, ответил он, «ночью сюда пришёл и третий день здесь».

«А ешь что?»

«Сначала запас какой-никакой был», он показал на пустой заплечный мешок, валявшийся у печи, который я принял за простую тряпку, «а уже вчера кончился, так сегодня ночью хочу на станцию пойти и съестную лавку немного почистить. Ещё хотел зайца застрелить, так с непривычки не попал, какой из меня охотник, да и стрелять опасаюсь, услышат».

Что меня толкнуло, не знаю, но я бросил его винтовку к своим ногам, сунул руку в карман, достал недоеденный хлеб и, сделав один шаг, положил его на стол перед солдатом. Он сгрыз кусок в миг, держа у заросшего редкой рыжей щетиной подбородка ладонь, потом ссыпал с неё крошки в рот и только потом посмотрел на меня — уже прямо в глаза.

«Благодарствуйте, господин», сказал он, «а то уж подводить живот стало и в голове карусель».

И опять настало молчание, только теперь мы молчали не минуту, как при знакомстве, а долго. Что я мог сказать ему? Рассказать о своих терзаниях, найдя наконец человека, которому всё можно открыть и которому деваться некуда, так что будет слушать? Так ведь он не понял бы ничего. Если же он рассказал бы мне о своей жизни, то и я бы ничего не понял, какая его жизнь простая ни есть. Что я знаю о крестьянской жизни в Саратовской или Царицынской губернии, чтобы понять её истинные тяготы и ужасы? Может быть, и у него даже какая-нибудь романтическая история есть вроде моей, да ведь он рассказать о ней человеческими словами не сможет, а я не распознаю в ней никакого романа...

«Ну, вот сбежал ты, дезертировал, разве это хорошо», сказал наконец я, и сам удивился, чего это вдруг решил ему мораль внушать, «а ежели так все побегут с фронта, так ведь германец сюда придёт, что тогда будем делать?»

Он снова похлопал себя по карманам и досадливо сморщился, вспомнив, что курево кончилось. Все ещё не сводя с него револьвера, я вынул из кармана коробку папирос и бросил её издали на стол. Схвативши подарок с большей жадностью, чем хлеб, он тут же закурил, удивительно ловко чиркнув откуда-то извлеченной серной спичкой о голенище сапога. Выпустив первый дым, он закрыл глаза и так сидел долго, на лице его сделалось почти счастливое выражение. Наконец, не открывая глаз, он ответил.

«Пусть приходит», сказал он спокойно и твёрдо, как говорит человек, давно убеждённый в верности своей мысли, «разве они, когда придут, всех убивать будут или провизию всю отберут? Они мне ничего не сделают, и семья моя (он сказал «семья», сделав ударение на «е»), даст Бог, жива будет, разве германец до Астрахани пойдёт? Ему там делать нечего, он Питер возьмёт, Москву возьмёт, Керенскова с генералами повесит, а более ему здесь делать нечего будет, он и уйдёт обратно. Мне германца не страшно, когда он победит, то я открыто пойду к себе, рыбу буду ловить и жить без беды».

«Как же так», я даже голос повысил чуть не до крика, «а как же Россия? Не станет России, что же будет?» Я как будто совершенно забыл, что говорю с тёмным, непонятным мне человеком, дезертиром, который мог в любую минуту меня сбить с ног, отобрать оружие и убить, я действительно был задет его словами и кинулся в диспут, будто с Н-евым где-нибудь за столиком в «Эрмитаже». «Вот, допустим, тебе не страшно, что победит кайзер, а мне страшно, и обидно, и невозможно представить!»

Он усмехнулся, дотянул папиросу до конца, тут же зажёг вторую, снова зажмурился, выпуская дым, и только потом ответил.

«Лёгкие у вас папиросы, господин», сказал он, «что кури, что не кури, один толк. А что вы германца боитесь и за Россию беспокоитесь, то это зря. Германец и вам ничего не сделает, потому что вы по научной или коммерческой части, а ему разве не надо таких? И Россия ни-

куда не подевается, где стоит, там и будет стоять, что ж германец с земли Россию приберёт?
Ничего ей не сделается, никуда её не денешь,
Россию. А Керенскова с этим... с Гучко...
пусть».

Поражённый его словами, я ничего не отвечал. Потом решительно опустил револьвер, подошёл к столу, тоже достал папиросу, глазами
попросил его, и он поднёс мне свою, чтобы я от
неё зажёг. Некоторое время мы курили опять
молча.

«Царя скинули», сказал он наконец, как бы
продолжая мне объяснять свою идею, «пока он
был, за него и воевали. А теперь его под арестом
содержат, как вора, за кого ж воевать? За Россию нет причины воевать, она и так проживёт».

Он бросил окурок в печку, его примеру последовал я.

«Что ж, господин, сейчас пойдёте за станци-
онным жандармом», спросил он с усмешкой, «да
сюда его приведёте? Ну, ведите, я далеко не
скроюсь, а скроюсь, так в лесу через дня три

пропаду. Дело ваше, вы в законном праве, ведите жандарма».

Вместо ответа я сунул револьвер в карман и оттолкнул в сторону по полу его винтовку. Он смотрел на меня молча, ожидая, что я скажу.

«Сейчас я пойду на станцию, но не за жандармом, а чтобы оттуда домой идти», сказал я, «только ты мне покажи отсюда на станцию направление. Винтовку я тебе оставляю, так что можешь в спину мне выстрелить, только это с твоей стороны будет глупо, потому что если ты меня отпустишь, то завтра я тебе сюда принесу не только еды, но и одежды штатской, и дам немного денег. И винтовка тебе не потребуется. Поедешь к себе рыбу ловить, а что бумаг у тебя, конечно, нет, то уж тут помочь не смогу. Пробирайся домой, как придумаешь, а там жди, когда германец придёт и спокойную жизнь тебе позволит».

Он курил уже третью папиросу, смотрел на меня прямо, в упор, и, очевидно, размышлял. Так прошло минут пять, если не больше. Потом он поднял винтовку и вынул из магазина остававшиеся там два патрона, протянул мне.

«Это пока возьмите, господин», сказал он, «чтобы вам не бояться спиной ко мне уходить. А до станции прямо по дороге версты две, только в овраг не сворачивайте. Так что прощайте, если что. А как завтра и вправду придёте, то патроны эти принесите. На всякий плохой случай».

Резко повернувшись, я вышел из избы, прикрыл за собой дверь и быстро пошёл по заброшенной дороге. Дома я был через полтора часа, почти падая от усталости. Повалился в кабинете на диван, но нервы не давали уснуть. Махнув на пост рукой, шёпотом прося прощения у Господа, пошёл в буфетную... Но и с помощью любимого средства не смог успокоиться, ночью вовсе не спал, и сейчас меня трясёт, как в лихорадке. И ничего комического мне во вчерашнем приключении уже не представляется.

Боже, ведь он прав! Вот в чём дело: он прав.

C   *22/III/1917*

Сейчас соберу вещи — найду старое своё пальто, штиблеты на хорошей подмётке, бельё и прочее, возьму из кладовой копчёной грудины и сахару, табаку фунтовую пачку, сложу всё в большой парусиновый саквояж, с которым уже давно не езжу, туда же суну его патроны, да пойду. На станции надо хлеба купить...

Да, он совершенно прав, никаких сомнений нет.

22 марта

5 вечера

ВОТ ЖИЛ СЕБЕ, МУЧИЛСЯ, КАК МНОГИЕ вокруг мучаются, но не более, так нет же — устроил себе отдых для успокоения нервов, ничего не скажешь. Теперь, после событий последних двух дней, мне и вовсе впору в психиатрическую лечебницу...

Пришёл я сегодня к проклятой избе около одиннадцати утра. Открыл уже по-свойски дверь — опять никого. И бросились в глаза перемены: на столе нет ни кружки, ни ложки, тряпки с лавки тоже исчезли. Не дождался, решил я, мой знакомец, побоялся, что передам его властям. Сожалея, что теперь придётся в обратную дорогу нести тяжёлый груз, да и о самом солдате сожалея, куда он теперь денется, я вышел на крыльцо — и тотчас его увидал.

Он стоял на краю леса, саженях в десяти, и целился в меня из винтовки. Мы поменялись со вчерашнего дня ролями…

«Что же ты», крикнул я ему, «я ведь один пришёл и вот принёс тебе всё нужное!»

Он опустил винтовку, но не совсем, а только немного дуло повел вниз, и крикнул тоже, но тише, чем я: «Брось мешок на крыльце и иди назад!»

«Хорошо же ты друзей встречаешь», ответил я, опуская саквояж, «а я тебе денег ещё хотел дать. Да чем ты целишься? У тебя ж и патронов нет, ты их мне отдал…»

«Одни отдал, а другие в кармане взял да зарядил», весело засмеялся он, и меня всего передернуло от этой подлой веселости. «А за деньги душевно благодарю, ваше благородие, хотел, так дай, и за всё доброе спаси Христос. Только ты мне не друг».

«А кто же», спросил я, засовывая десять пятирублевок, чтобы их не унесло ветром, под клапан саквояжа, «разве не друг тот, кто помог?»

«У меня всех друзей баба да ребятишки дома, а других друзей нет», отвечал он, «а вы, господин, вполне могли передумать и с полицией вернуться».

«Эх, дурной ты человек», сказал я громко, но он будто и не услышал моих слов.

«Вы вот что, ежели германца опасаетесь», продолжал он, «бегите ещё дальше, чем я побегу, послушайтесь неучёного человека. Вам образованность мешает правду видеть, а я верно говорю, кто хочет целым остаться, пускай подале от Питера и Москвы скрывается. Вот вам мой совет в плату за доброту вашу».

Не оглядываясь, я пошёл по дороге. И, сказать по чести, ждал выстрела вслед, пока не дошёл до оврага и, оглянувшись, увидал, что его уже нет нигде — верно, взял саквояж и скрылся в лесу.

Обратный путь, уже хорошо известный, у меня в этот раз занял немногим больше часа.

И всё это время я, понятным образом, неотрывно думал о поразительном солдате. Не столько даже о бесстыдном его коварстве и неблагодарности, испуг от которых всё не проходил, сколько о его словах и даже целой программе, которую он так просто и лаконически этими словами за две встречи разъяснил мне. Как же сталось, что этот грубый, очевидно жестокий человек, вполне способный меня убить, покажись ему, что от меня есть настоящая угроза, сказал в двух-трёх ясных фразах то, что на самом деле я давно думаю, да боюсь себе признаться отчетливо, то, что меня мучает и лишило сна?! Вывод такой, что мы с ним одинаковые существа. И нет никакой разницы между университетским выходцем, сделавшимся московским буржуа, и неграмотным волжским рыбаком, сделавшимся теперь дезертиром... Именно: безразлично мне, кто победит в этой войне, и хочу я одного — бежать от невозможной, опасной жизни как можно дальше и близких увести. Неужто же это только и есть истинно разумно, а потому равно открыто любому здравому человеку, способному отрешиться от предрассудочных химер или вовсе им чуждому?

Пришёл домой к раннему, как заведено женой, обеду. Подали, что положено на Страстной: пустой суп из грибов и гречку на воде. Ели, по обыкновению, молча, но когда кухарка убрала посуду и поставила на поднос самовар, жена, всегда без ошибки чувствующая моё состояние и потому тоже без ошибки причиняющая боль, вдруг сказала, что, подумавши, она решила в Крым ехать, как только станет совсем тепло, во всяком случае, до Вознесения, и намерена там быть неопределённо долго, покуда «всё не прояснится», как она выразилась. Берёт с собой горничную и собак, надеясь, что «ты тут не пропадёшь без нас».

Вряд ли можно было выбрать менее благоприятный мне момент для такого разговора! Меня тут же охватило обычное при разговорах с нею раздражение, которое всегда приводит к одному — я, не владея собою, говорю грубости и получаюсь мерзавцем, а потом остаюсь без прощения.

Сейчас, в особенности после агитации рассудительного дезертира, только о возможности бегства или всем вместе, или хотя бы ей одной я и думал. Но это была только одна сторона моих размышлений. А другая состояла в том, что, думая, я всё яснее понимал уже невозможность отъезда и её одной — за последние недели цены взвинтились так, что, если и дальше в подобном духе пойдёт, то моих текущих средств не хватит на проезд, наём там жилья и содержание в течение хотя бы лета. Неизвестно, как мы и дома-то проживём ближайшие месяцы, мне и так приходится постоянно прибегать к накопленному капиталу, какой уж Крым... От такого противоречия между необходимым и возможным мои нервы были натянуты до последней степени. И как только она сказала про Крым, я почувствовал, что сейчас же вспылю, а потом жалеть буду. То не едет, то едет, а я изобретай возможности. Ничего не знает и знать не хочет... По-

| *22/III/1917* | **CVII** |

этому, не ответивши, только бросив непозволительно резко салфетку, я встал и пошёл к дверям. Она вслед заметила что-то насчёт моего дурного воспитания, но я и тут сдержал себя, только обернулся, уже выходя, и пробормотал извинение вместе со словами «ты думала, теперь мне надо подумать».

Да уж, Страстная неделя, ничего не скажешь.

Как же мне быть-то?

Как мне быть?!

2 апреля

1917 года

ХРИСТОС ВОСКРЕСЕ ИЗ МЕРТВЫХ, СМЕР-
тию смерть поправ и сущим во гробех живот да-
ровав! Христос воскресе! Воистину воскресе!

Светлое Воскресение, а я тоскую. Разговелся,
разумеется, с удовольствием, хотя и не говел
толком, но разве в этом Праздник — водку пить
и крашенки бить?

Ни разу за все почти пятьдесят четыре года
моей жизни не было мне на Пасху так тяжело.

2/IV/1917	CIX

20 апреля

половина двенадцатого ночи

ДАВНО НЕ ПИСАЛ И, ВЕРОЯТНО, СКОРО вовсе брошу это занятие. Прежде был в нём, как сейчас только понял, вот какой смысл: отмерял время своей жизни, отражая его в записках и сжигая потом тетради, как язычник, принося будто бы свою жизнь в жертву. Это, по модному учению, было в моем тайном сознании, которое есть под сознанием явным, как бы изнанка ratio. Собственно, очевидная вещь. Какой же был резон, кроме символического, заполнять тетради, а потом жечь их в плите на кухне? Теперь же и жизнь кончилась, только привычка и долг остались, и символов никаких не нужно. Теперь символисты в маляры пошли, туда им и дорога.

CX   *20/IV/1917*

Езжу каждодневно в банк, где всё существует так, будто уже совершенно забыто, что произошло, будто не сгинула страна, в которой родились и прожили многие годы, будто впереди будущее, а не окончательное исчезновение всего. Деньги всё дешевле, но их и больше, так что только успевай бумаги писать. А публика тоже делает вид, что ничего не случилось, несёт на счета и берёт долги, и что удивительно — банк эти долги даёт. Наличности у нас в подвалах всё больше, а что с нею делать, так и не решили...

Дома тоже всё по-прежнему. О Крыме разговор не возобновляется. Тишина, сумрак, раннее засыпание, молчаливые обеды, навеки испуганная горничная, кряхтение на весь дом кухарки, немое присутствие дворника, милое тепло, идущее от собак... Только содержать этот приют мне, богатому банковскому служащему, который ещё два года назад тратил на ведение хозяйства едва ли половину того, что со знакомыми пропивал в ресторанах и выбрасывал лихачам, становится всё непосильней.

20/IV/1917   **CXI**

И в ресторанах более почти не бываю, всё в недорогих трактирах и кофейнях, а жалованья не хватает, так что приходится что ни месяц, заимствовать из основного капитала, а уж что того капитала? Слёзы... Однако пока образ жизни домашней не меняю.

Зато вокруг, на улицах, в публичных местах, в газетах — все по-новому и продолжает меняться каждый день. Главная новость: всё больше становится на виду столь любимого нашими социалистами, кадетами и вообще образованными людьми «простого» народа. И народ этот, скажу прямо, пакостит везде и разрушает пристойную жизнь, как может, при полном попустительстве не только общества вообще, но и призванной охранять порядок и приличия полиции. Впрочем, какая полиция? Напуганные ещё в феврале городовые исчезли, а «милиция» и есть этот самый «простой» народ, да ещё с винтовками. Хуже всех солдаты, а особенно моряки, эти вовсе ведут себя, как бандитская шайка. И откуда, черт побери, в Москве столько моряков, какое здесь море?! В трамваях стоять сделалось мягко от подсолнечной шелухи, которую они непрестанно плюют, а на губах висят гирлянды её... И рабочие не много лучше, целыми днями шатаются везде с красными тряпками, на которых требования восьмичасового рабочего дня, а какой им ещё нужен восьмичасовой день, когда они и без того ни часу не работают? Второго дня вся Москва словно повредилась умом, вышла на улицы праздновать 1 мая по новому стилю, международный праздник пролетариев. Тут тебе и молебен, тут и «вихри враждебные»... Полагаю, что это не было похоже на Чикаго.

То же самое и в газетах. Советы рабочих отрывают по кускам власть у временного правительства, так что никакой власти уже вовсе нет, а есть только ежедневные приказы и «декреты», отменяющие предшествовавшие. И какая власть может быть у правительства, которое само называет себя временным? Ночные грабежи с убийствами стали не слишком важными ежеутренними новостями, солдаты и с ними прямые ка-

20/IV/1917   CXIII

торжники подъезжают на ломовиках или грузовых автомобилях к хорошему дому и преспокойно чистят квартиры одну за другой, вынося всё, вплоть до мебели. Но раньше всего берут вино и съестное. Уже было, что и торговый дом на Ильинке ограбили, несгораемые ящики не открывали, а прямо погрузили их на телеги и увезли. Нам это ясный знак...

А малопочтенный г-н Андреев всё пишет, как страшно жить! Вроде бы без него не видно. В пятом году ему было страшно, теперь страшно... А кто весь этот страх призвал? Кто убийцам сочувствовал? Да он же, со своими приятелями и соучастниками, а Горький и теперь в газетах всё буржуазию ругает. Это буржуазия на улицах безобразничает и сражения проигрывает одно за другим? Это Гучков буржуазия или в Генеральном штабе у нас буржуазия сидит?

Война идет к позорному и ужасному для России концу, никакой Алексеев уже ничего не изменит. А я всё вспоминаю дезертира, совершенно прав он был — ничего плохого нам немцы не

CXIV   20/IV/1917

сделают, напротив, прекращение смуты возможно только при полной оккупации ими прежде всего Петрограда и Москвы. Пришли бы, повесили б Керенского заодно с Милюковым, не считая уж прилетевших, как вороньё на падаль, всех этих Троцкого, Ленина и прочих социалистов-демократов... Хотя их как раз и не повесят, поскольку, говорят, они немало услуг оказывают германскому командованию, потому и проехали беспрепятственно через всю Европу в Россию. Вот мирный человек сейчас этот путь никак одолеть не сможет, ни в ту, ни в обратную сторону, что чрезвычайно огорчительно и ввиду нужды с банковской наличностью, и в предчувствии необходимости бегства нас самих...

Что ж, Господь всё управит, а больше нам полагаться не на кого.

По меркам нашего дома уже глубокая ночь. Я более не хожу в буфетную, а держу графинчик в кабинете, позади книг по итальянской бухгалтерии, которые никто не тронет, да и я беру, только чтобы графинчик со стопкой достать.

20/IV/1917 CXV

Пью с разговения опять много, больше даже, чем прежде, а как не пить... Смирновскую теперь не всегда купишь, так что иногда довольствуюсь купленным у солдат возле станции (ничего не боятся, а мой дезертир из лесу боялся показаться!) спиртом в зелёных аптекарских банках, который развожу на треть яблочным отваром, он никогда у кухарки не переводится. Жена, конечно, эти химические опыты замечает, но молчит. Отношения наши сделались более умеренными, иногда даже за обедом начинаем говорить о последних событиях. Но тут же и прерываемся, потому что я никак не могу согласиться с её нежеланием обсуждать трудности жизни, которые она, мне кажется, не хочет знать из соображений собственного спокойствия. Со своей стороны она обвиняет меня в бесполезном и непозволительном унынии, которое я, как будто, хочу ей передать для своего облегчения. Без промедления высказываются взаимные обиды, и тут же, ради сохранения некрепкого мира, разговор прерывается.

CXVI   *20/IV/1917*

Вот бы и во всей России научились все партии и классы так жить, удерживаясь от обид ради мира! Вместо этого, по слухам, кое-где в деревнях уже опять крестьянские шайки нападают на имения...

Так что же делать? Уже который месяц твержу себе этот вопрос, с тех пор как стало ясно, что выжить здесь частному человеку, да ещё с несамостоятельными домочадцами, в видимом будущем не удастся. Что придут и сразу убьют, так это ещё не самое страшное, что может быть. Лишь бы всех вместе, и собак тоже — за чем, полагаю, дела не станет, это уж у мужичков так водится. Страшно мучений, голода в доме, которому не смогу препятствовать, медленного и болезненного умирания нездоровых, немолодых людей. В нашей домашней богадельне самая молодая — горничная, так и ей порядочно за тридцать.

А о другом уж не говорю. Приказчик рассчитывает пенсион от Мюра и Мерилиза получать, комнаты сдавать студентам... А будет ли Мюр и Мерилиз, будут ли студенты?! И останется ли сам их домик с уездным мезонином, не спалят ли его, к примеру, хитровские босяки, «освобождённый» народ... И помочь я ей никак не смогу, даже если бы имел средства и возможности. Как можно помочь замужней женщине, как она может принять мою помощь? Или пойти в Мюр и Мерилиз, дать ему мешок денег «от неизвестного», как Монте-Кристо какой-нибудь? Так он, будучи порядочным человеком, не возьмёт, ещё и заподозрит что-нибудь... Да и нет у меня этого мешка, вот в чём дело! Нет мешка для неё, нет мешков для домочадцев, а скоро не то что мешков, но и кошелька не будет, и счёт опустеет...

Письма от сына приходят аккуратно раз в месяц, будто нет никакой войны и российских безобразий. Ничего интересного он, надо признать, не пишет: сам здоров, невестка наша здорова, дела идут удовлетворительно, на две недели ездили развеяться — в Италию, а там пароходом на остров Капри, совершенно дикое, но прелестное место... Что ему отвечает жена, не знаю, а я пишу в таком же духе, без изображения наших бедствий. Зачем его расстраивать, да он и не поймёт всего, уехал три с лишним года назад. И после каждого его, а особенно своего письма чувствую, как он делается всё больше чужим человеком. Был ближайшим, а теперь будто еле знакомый.

Необходимо, совершенно необходимо составить хотя бы какой-нибудь план действий. Пусть он будет ошибочный в деталях, но план нужен обязательно. Я не могу смириться с тем, что не только пропадут, но даже пострадают мои близкие. Это делается настоящей психической манией, и я вполне натурально боюсь лишиться рассудка. А никакого плана всё нет и быть не может. Самое малое, что надо сделать, — отправить как можно дальше, а лучше всего за границу, жену, отпустить с благодарностью и щедрым расчётом прислугу и самому отправиться следом за женою и тихо где-нибудь доживать. Но для выполнения этого надо, раньше всего, денег, и денег много, гораздо больше, чем у меня есть и даже больше того, что можно выручить, продав дом. Да кто его сейчас купит? Расцвет спекуляций прошёл, ещё можно было бы на хороший дом в Москве покупателя найти, но на дачу в Малаховке охотник вряд ли сыщется... И, главное, всё равно денег было бы недостаточно на всю жизнь после.

Сколько её будет, никто не знает, а если пошлет Бог длинные годы?

И даже в самом удачном случае, если как-то образуются средства, предположим, продам дачу хорошо, то как уехать? В Ригу и далее? Неизвестно, будет ли сообщение через неделю, не то что через месяц или больше. В Финляндию? То же самое. Самым простым образом — в Крым, как прежде думал. А разве Крым не Россия, и не будет ли и там спустя время то же самое, что в Москве? Совет незабываемого дезертира, верившего, что до Астрахани ничего не достанет, совет бежать в провинцию это по существу совет верный, бежать надо, тут мы единомышленны. Но в какую провинцию? В Омск, в Хабаровск? То есть по своей воле в Сибирь... Так и она может понадобиться власти «простого» народа, там каторгу обязательно снова сделают через год-другой, как укрепится новая деспотия, для бывших «эксплуататоров» и лишних «революционеров». Значит, и там до нас доберутся, да и не хочется в Сибирь.

Остается одно: во-первых, изобрести, как сохранить банковскую наличность, в ней и моя существенная доля есть, так, чтобы даже при банкротстве или экспроприации, которые теперь обычны, получить весьма порядочную сумму, и, во-вторых, найти путь, как жене с горничной и собаками уехать на эти деньги хотя бы в Ригу, а после уж и далее... И самому, управившись со всем, оплакав разлуку и с несчастной моей любовью, и с не меньше несчастной родиной — следом.

Поздно уже, третий час ночи. Последнюю стопку выпью — и попытаюсь спать. Вряд ли удачно...

1917, 11 мая

КАЗАЛОСЬ, ЧТО ХУЖЕ БЫТЬ УЖЕ НЕ МОжет, а оно всё хуже и хуже.

Сегодня с Н-евым вместе вышли из банка относительно обычного рано — в пятом часу. По такому событию решили заглянуть куда-нибудь поужинать. В разговоре, который иногда делался криком, потому что невозможно обычным тоном говорить из-за грохота экипажей на Лубянке, а особенно гудков автомобилей, незаметно дошли до Камергерского, там обосновались в маленьком, европейского толка заведении, прежде нам не известном, наискосок от новопостроенного Общедоступного театра. Здание неизбежным образом декадентское, но привлекательное, не могу не признать.

| CXXII | *11/V/1917* |

Ужин заказали не слишком обильный — оказывается, у Н-ева, как и у меня, совсем испортился аппетит, ест мало и без всякой радости, совершенно всё равно, что. Так что спросили только закусок и по телячьей котлете, бутылку красного удельного (а уж уделов-то нет!), ну и водки по рюмке, другой, третьей — сразу, чтобы после служебного дня отпустило.

Любопытный Н-ев человек. Знаю я его двадцать с лишним лет, как пришёл на службу в банк. Он вызывает у меня симпатию, однако я отчётливо вижу в его личности некоторые черты не совсем привлекательные, хотя и не отталкивающие, поскольку ни для кого не вредные.

Он бесспорно умён, и даже очень умён. Судит о жизни и людях ясно, резко, при этом всегда снисходителен, потому что не обольщается. Видит всё, как есть, от этого извиняет почти всё, кроме самой очевидной непорядочности, которой сторонится, но если нет выхода, кроме как сказать прямо резкость, — скажет. Такое поведение, особенно снисходительное отношение к слабостям, позволяет мне мысленно обвинять его в цинизме, но это обвинение мне представляется в нынешние времена не слишком серьёзным. От цинизма никому никакого вреда нет, напротив, цинизм есть оборотная сторона ума и терпимости, её, то есть, терпимости, теория. Как же не быть циником, если признавать греховность человеческую естественной? А что она естественна с адамовых времен, так это мы не сами придумали...

Словом, я цинизм Н-ева вижу, но строго не сужу, не мне судить. Я с ним почти во всех мнениях согласен (или он со мной?), только он более склонен надеяться на благополучный исход, чем я. Даже в нынешние, и на его взгляд ужасные времена, его не оставляет надежда, что всё как-нибудь повернётся к лучшему. Если же я привожу неопровержимые доказательства скорого светопреставления, на какие доказательства я большой, по общему мнению, мастер, то он заключает просто: «ну, вы правы, да слава Богу, что нам уж недолго мучиться, а дети молодые, сил много, справятся». При этом он сам моложе меня на два года.

Такая, относительно моей мрачности, легкость в отношении к событиям объясняется, я думаю, сравнением обстоятельств его и моей жизни. Женат он на очень богатой женщине из хорошего купеческого рода, так что не только его доходы составляют основу существования, а её дома по всей Москве и капитал, хранящийся в самых крепких банках Европы и даже Америки. Что не мешает Н-еву быть заметно прижимистым... Две дочери-погодки, семнадцати и шестнадцати лет, ещё в гимназии. Семья крепкая, несмотря на то что супруга, носящая явные следы большой красоты, взбалмошна и по теперешнему купеческому обычаю меценатствует направо и налево, устроила у себя салон, где принимает богему и даже модных политических шутов. Из-за этого у них бывают споры и настоящие ссоры, поскольку Н-ев эту сволочь так же презирает, как я. Но очевидно, что Н-ев всё ещё в жену влюблён, и потому они быстро примиряются в любом случае.

Не понимаю, зачем он продолжает служить, вместо того чтобы уже давно обратить всё имущество в деньги и увезти семейство в какую-нибудь Швецию или ещё дальше. При настоящих деньгах это не было бы трудно, нашёлся бы какой-нибудь тайный путь. Тем более удивительна его нерешительность, что он постоянно говорит о желании бегства, мы и в этом с ним сходимся, он и желательное убежище называл уже не раз — именно Швецию. Но не пытается даже... Остаётся допустить одно: не хочет, пока возможно, покидать Россию, к которой мы оба питаем ту самую «странную любовь». Пока возможно... А кто знает, возможно ли пока или уже поздно?

Просидели мы в ресторанчике до восьми часов вечера. Обо всём переговорили — и о делах банка, согласившись, что в последние дни стало заметно преимущество тех, кто берёт со счетов и даже вовсе их закрывает, перед вкладывающими, и о всеобщей свистопляске, постоянном уличном разбое, распаде армии и бессовестном «братании», о безвластии, в котором всё большую силу забирают совершенно уголовные Советы рабочих и солдат, где верховодят социалисты-революционеры и какие-то вовсе авантюристы, называющие себя «большевиками», даже о погоде, которая позавчера устроила тоже «свержение проклятого режима» — на Николая весеннего был снегопад и ветер такой, что телеграфные столбы валил... Говорили, плакались друг другу, не решили, конечно, не только мировых и российских проблем, но и даже не договорились, следует ли немедленно обратить внимание М-ина на опасное оживление расходных операций. Вроде бы и следует, а, с другой стороны, он разве сам не видит? И что мы ему предложим — немедленное банкротство? Надо бы ещё подумать...

Рассчитались после долгого ожидания — официанты бастуют, повара и женская прислуга, говорят, тоже, так что не совсем понятно, кто нам котлеты жарил и тарелки мыл. А подавал и деньги получал какой-то солидный господин, по виду хозяин. Неловко было на чай ему давать, но взял с поклоном.

Пошли на Театральную извозчиков нанимать, мне к вокзалу, Н-еву на Остоженку. И как раз напротив Благородного собрания дорогу перегородили двое очевидных хитровцев — оборванные, распахнутые, пьяноватые и наглые. Раньше в таком приличном месте их встретить было ни в какое время невозможно, а теперь чего удивляться... Всё, что было в обществе дрянного, поднялось со «дна», одних дезертиров газеты считают до полутора миллионов, а сколько уголовных из тюрем сбежало! Мы и не удивились, но оба — я почувствовал, что и Н-ев тоже — порядочно перепугались. Те двое, на счастье, были без ножей в руках, но кто ж знает, что у них в карманах, да и драться с ними двум приличным господам в весенних пальто и круглых шляпах неловко... Фонари горели через один, и народу в этом самом оживлённом по вечерам месте было немного, представления в театрах только начались.

CXXVIII   *11/V/1917*

«Поделитесь, господа, табаком», сказал один из бродяг грубо, резким треснутым голосом и глядя поверх наших голов. Я достал почти полную коробку хороших папирос, которые, купив гильзы и асмоловский табак в Столешникове, сам набиваю, и протянул ему всю коробку со словами «кури, братец, в удовольствие». Тут была моя ошибка: дать надо было рукою две папиросы и не говорить ничего. И ведь вот понимаю я это, пусть немного, но зная характер народа, а не вспомнил... Другой оборванец, не тот, который просил, взял коробку и сунул её за пазуху рубахи. А тот, который просил, перевел взгляд ниже и, упёршись глазами в глаза Н-ева, сказал: «а ты, товарищ, что дашь?» Тыкание, «товарищ» и прямой вопрос «что дашь» уже предвещали более серьёзные неприятности, чем потеря коробки папирос.

Но Н-ев оказался тут молодцом. Он порылся в кармане редингота, вытащил две или три рублевых бумажки вместе с монетами и всё это из своей горсти, не глядя, высыпал просившему, который механически подставил обе ладони ковшиком. А Н-ев слегка тронул его за плечо, отодвинув с дороги, другой рукою взял меня под локоть и в два шага вытащил на Театральную, где ярче светили фонари, ожидала седоков толпа извозчиков, занявшая весь проезд, и даже ходил какой-то странный полицейский — с шашкой и большой револьверной кобурой, в шинели городового, но в студенческой фуражке без кокарды.

Здесь мы с Н-евым выкурили, чтобы вернуться в равновесие, по маленькой голландской сигарке, которые он всегда курит, и, взяв извозчиков, простились. В одиннадцатом часу я был уже дома, отпустил спать кухарку, которая ждала меня с ужином, и вот теперь заканчиваю записывать приключение, которых пока со мною по нынешним временам бывает не много — не сглазить бы. Хочется выпить перед сном рюмку, поскольку не могу, как всегда, никак закончить, начавши, но постараюсь воздержаться.

12 мая

СЕГОДНЯ С УТРА, КОГДА Я ПИЛ (КОНЕЧНО же, холодный) кофе, вошел в столовую дворник. Сразу же распространился запах с утра поработавшего физическим трудом человека — пота и свежести в одно время. Он встал возле двери и молчал. «Что-нибудь стряслось, Матвей», спросил я, «что ты хочешь сказать?» Помолчав ещё минуту, он пробормотал что-то почти неслышное, я переспросил и услышал вот что: «Надо мне, барин, ехать домой». Я не сразу понял смысл его слов, но на последующие мои вопросы он только повторял всё то же «ехать домой». В конце концов я уяснил, что он собрался уйти от нас и вернуться в свою рязанскую деревню, где не был, я думаю, лет тридцать. Поначалу все мои попытки понять, почему и зачем он принял такое решение, не привели ни к какому результату, Матвей только твердил одно и то же «надо ехать домой». Но всё ж таки, окольными вопросами, мне удалось добыть из него короткий рассказ: в деревне все родственники померли, осталась хорошая изба и хозяйство с двумя коровами, за которыми пока смотрит по доброте соседская баба, так что надо ехать и вступать в права наследования.

Признаюсь, я обрадовался. Одним подопечным у меня станет меньше, при этом он уйдёт не в нищету, а во вполне достаточную жизнь, так что совесть моя будет чиста, а забот уменьшится. Идёт лето, печей топить не надо, двор, конечно, зарастёт бурьяном и придёт вообще в беспорядок, так и Бог с ним, не до благоустройства. А к зиме, к холодам и снегу, как-нибудь положение образуется, найду другого дворника, если ещё будет требоваться. До новой зимы ещё дожить надо...

CXXXII   *12/V/1917*

Жалованье я ему не задолжал, но на прощание и в благодарность за десятилетнюю службу дал триста рублей, заботливо отсчитав пятерками для его удобства. По нынешним ценам за дворницкую работу это немного… Он поклонился, я неожиданно для себя самого его обнял. Кончается жизнь, вот часть её уже кончилась… Жене он, сколько я смог понять, сказал о своём решении ещё вчера днём. Видимо, она не слишком огорчилась, во всяком случае, легла вечером спать, не дождавшись меня, чтобы предупредить и обсудить положение, и сегодня утром раньше моего отбытия на станцию из спальни не вышла. Покинул нас Матвей уже в моё отсутствие.

По дороге в Москву размышлял, сможем ли мы обойтись одной горничной, если я решусь рассчитать и кухарку. Можно было бы положить её работу на горничную, платя той ещё половину кухаркиных денег, по нынешним безработным временам она, должно быть, согласилась бы. Но куда пойдёт кухарка, которая прослужила у нас тоже полтора десятка лет и состарилась у плиты? Она, сколько я знаю, вовсе одинока. В богадельню? Так ведь и там места, верно, не найдётся... А кухарки сейчас и молодые и сильные вряд ли нарасхват.

Впрочем, покуда ещё у нас до прямой нужды не дошло, так что вовсе без прислуги оставаться рано.

День в службе прошел быстро, некогда было дух перевести, не то что размышлениям предаваться. Банковское дело, ещё недавно никак не страдавшее от окружающего безобразия, на глазах расстраивается, полагаю, что и у других дела не лучше нашего — вкладчики выбирают всё подчистую, при этом требуют золотых десяток и ропщут, когда мы отказываем, — мол, не можете золотом выдавать, так объявляйтесь банкротами. А золото мы норовим отправить в подвал, в собственную наличность, а оттуда берём для необходимых расчетов процентные бумаги и ассигнации. В сущности, мошенничество... Впервые в своей деятельности чувствую себя шулером.

CXXXIV   12/V/1917

Погоды стоят грустные и светлые — прозрачные дождики и тепло, но не слишком. Гроз нету.

Сейчас не стану пить водки на ночь, а выпью всегда имеющийся у нас в наличии отвар пустырника, который употребляет жена, отчего и проводит в спальне половину суток — дремлет, просыпается, снова дремлет... Завидовать тут нет настоящих причин, но я завидую. После пустырника, возможно, и я сегодня высплюсь. Устал.

19 мая

ВСЕ БАСТУЮТ И ТРЕБУЮТ ТАКОЙ ОПЛАТЫ, что скоро крючник на речной пристани будет богаче меня. Что может казна? Только давать в оборот новые бумажные деньги, и этим пустым деньгам уже счёт не на миллионы, а на миллиарды. И это российский рубль, твёрже которого до войны никакой франк или фунт не стоял!

В конторе, за чаем, который пили в его кабинете, беседовал с Р-диным. Начал он, по обыкновению, фиглярствовать, рассказывал шутки об армянах и евреях, а после вдруг сделался серьёзным и спросил, что я думаю о так и не решённой задаче с нашей наличностью. Я сказал, что думать тут нечего, надо её отправлять в Швейцарию, пока есть хоть какая-то вероятность провезти её туда. «Риск велик», возразил Р-дин серьёзным, не свойственным ему тоном, «пропадёт, так мы все нищими останемся». «А что ж банк», отвечал я, «или вы его уже вовсе со счетов скинули?» Он молча пожал плечами, потом наклонился ко мне через стол, едва не сбросив чашки, и произнес шёпотом: «банкротство, неужто вы не видите, что нам банкротство неизбежно через месяц, самое большее через два?» На это уж я пожал плечами. Так же шёпотом он продолжал: «значит, нам надо о себе позаботиться, а М-ин о себе уж позаботился, я в том уверен». Не найдя, что ответить, я неопределённо кивнул, на том и расстались.

Выходит, что крах ещё ближе, чем я рассчитывал, если уж весельчак Р-дин так серьёзен. А он ведь товарищ управляющего, следовательно, знает что-то мне неизвестное относительно того, как «М-ин о себе позаботился». Не означают ли эти слова, что деньги каким-то особым, неведомым мне способом будут отправлены за границу, минуя обсуждение этого способа с нами, а исключительно приказанием М-ина и, соответственно, он будет распорядителем всех этих средств? Между тем, их надо бы в Швейцарии или, допустим, в Англии разложить по отдельным счетам, на каждого из нас в сумме, соответствующей долям...

Нет, не могу поверить, чтобы М-ин, представляющийся мне человеком, может быть, и не совсем искренним, но вполне достойным и порядочным, пошёл на такое. Времена подлые, что да, то да, однако ж навряд ли могут и они вовсе лишить чести человека из приличного круга. Да есть и практическое соображение: невозможно настолько тайно вывезти из банка содержимое четырёх среднего размера несгораемых ящиков, чтобы ни Р-дин, ни Н-ев, ни, особенно, заведывающий кассами Ф-ов, ни, в конце концов, я ничего не заметили.

К слову: там есть и доля покойного З-ко. Он был одинок, но ведь могут объявиться наследующие дальние родственники. По хорошему, так

его часть должна в любом случае сохраняться
здесь до признания судом поступающей во владение банка... Но какой сейчас суд и сколько надо ждать решения? Как же мы, банковские, то
есть, так прежде разумелось, самые что ни есть
щепетильные в денежных делах люди, посту-
пим? Будем подавать в суд и ждать его решения, пока всё не рухнет? То-то и оно.

Вот о чём часто думаю: отчего даже те, кто
всегда любой бунт одобряли, Государя и динас-
тию ненавидели, одно только дурное усматрива-
ли в российском устройстве жизни, сделались
в последние месяцы ничуть не меньшими, а как
бы не большими ретроградами и монархистами,
чем я? Давно ли многие мои знакомые меня
мракобесом и еле не охотнорядцем почитали, даже и в глаза делали такие упреки — мол, как человек, учившийся в университете, может руку
целовать пьяному попу и Государя называть Го-
сударем, а не деспотом и кровопийцем? При
том, что я никогда не считал отечественную
жизнь идеалом, вполне видел ужасное её небла-

гополучие, но лишь боялся того, что анархисты и социалисты сделают всё ещё хуже. Пишут в газетах, что в нашей, самой нищей среди великих держав стране был самый богатый монарх, считают, сколько он миллионов имел. А стала ли страна богаче без Царя и станет ли? И не потекут ли миллионы вместо царских карманов в социалистические, Керенского, а то и Троцкого? Народ же раньше не досыта ел, а теперь и от настоящего голода недалеко... Всегда любая резкая перемена у нас оборачивалась пролитием большой крови и бескормицей, так откуда же взять уверенности, что впредь так не будет? Войну-то без Царя не покончили, только хуже ведём... И пожалуйста: бывшие прогрессисты и поклонники демократии стали бояться грядущего более, чем я. Из этого я вывожу, что дело подошло к краю.

Днём получено очередное письмо от сына, обыкновенно сухое и спокойное, только с одной особенной припиской: сын рекомендует мне своего товарища, какого-то господина К-ова, которому необходимо со мною встретиться по «нужному для всех», как выразился сын, делу. К-ов меня сам разыщет... Какие сейчас могут быть «нужные» дела? Вероятно, будет просить поручительства, чтобы взять в банке ссуду под выгодный процент, но я непременно откажу. Возьму себя в руки и откажу. Не та теперь жизнь, чтобы за неизвестных ручаться. Да и ссуд банки, не выключая и наш, сейчас уже почти никому не дают.

И во всех газетах все пишут только про грабежи, погромы и взрывы везде. То поезда столкнутся, то склады сгорят... А как им не сталкиваться и не гореть, когда золоторотцы, бездельники, горлохваты и дезертиры — то есть беглые солдаты, всегда в народе равнявшиеся с разбойниками, — правят бал?!

Самое время помереть бы, прости, Господи, но как же страшно оставить зависимых от меня.

20 мая

С УТРА СИЛЬНЕЕ ОБЫЧНОГО БОЛЕЛО ПОД грудиной, в верху брюха, будто там горячий камень лежит. Всё оно, употребление... А как буду обходиться, ежели и спирта не станет возможным покупать? Это моё главное средство от болезней, хотя, отдаю себе в том отчет, оно же меня и сведёт в могилу...

День был обыкновенный, в газетах всё одно и то же. Бонапарт наш, «Александр Четвёртый» всё мечется, как угорелый слепец, по передовым позициям, оказывая поддержку армии поцелуями героев и торжественными, но нисколько не понятными солдатикам речами. А как он уедет, герои снова начинают митинговать, идти ли в атаку или нет резона. Удивительная вещь: при несомненной погибели всего, которая подступила уже вплотную, вид Москвы не слишком изменился. Заметно, конечно, но и то не сразу, на улицах небывалое число солдат и вообще людей в военном платье. А большей частью толпа состоит, как и прежде, из чистых господ, идущих или едущих на извозчиках и в трамваях без какого-нибудь очевидного дела, и мирных простых людей, занятых своими обычными занятиями, — метут, торгуют, несут груз... Только ежели войти в житейские дела глубже, почувствуешь неведомые прежде неудобства — официанты всё бастуют, за ними, говорят, собираются бросить работу городские дворники. Вот уж тогда будет безобразие!

Но это всё несущественное. А как займёшься своим делом, то откроется истинная беда. Банк пустеет на глазах, никто ничего не несёт, все забирают. А заимствования в других банкирских домах невозможны, все в равном положении, все на мели, да никто никому и не верит, и правильно. Как можно давать в долг под какой угодно процент, когда никакого обеспечения ни у кого нет...

Длинная моя дорога, утром из дому в контору, вечером в обратную сторону, предоставляет мне неприятный досуг для мыслей. Для чего я только переехал когда-то из Москвы на дачу?! Да ведь после кошмара пятого года казалось, что жизнь начинает устраиваться, что будет в ней только всё более устойчивости и улучшений. Но не дала судьба России удачи... К отрёкшемуся Государю у меня только один счёт: зачем мы вошли в войну? О распутинском позоре уж не говорю. Но за кого мы воюем по сей день? За балканских славян? Или за Англию и Францию, которые нам не то что чужие, но даже враждебные, только временно Россией пользуются, как, да простятся мне эти слова, глупой девкой... Эту войну Россия не то что проиграет, она в ней навеки погибнет. Господи, помилуй нас.

Вот что думается в поезде, покуда он летит мимо подмосковного хозяйственного беспорядка, складов и фабрик, мимо редких, но милых лесочков, мимо не бедных, но серых даже в эту прекрасную погоду деревень... Ну, и полезешь, натуральным образом, в карман, вынешь флягу с утешением. Спасибо за прекрасный, нержавеющей стали, сосуд англичанам! Уважаю этот вечно противоборствующий нам народ за умение благоустраивать жизнь, за солидность в обиходе, которая есть лишь буржуазное стремление к удобству, comfortable, а её некоторые принимают за франтовство...

Сегодня, едучи в восьмом часу вечера поездом домой, попробовал усилием характера остановить размышления о всеобщих бедствиях, но тут же обратился помимо желания к собственным обстоятельствам, которые удручающи по-своему.

Шесть лет тому, когда любовь была ослепляющей страстью, когда связь была бурной, я сам заводил, по душевной слабости, разговор с нею о перспективах нашего положения. И ведь знал, что на развод не решусь, — не из одних лишь практических опасений этого ужасного предприятия, но, не желая в этом сознаваться себе, и из

20/V/1917   **CXLV**

невозможности расстаться с женою, как с человеком самым близким, без которого наверняка не смог бы жить и быстро разрушил бы и новый брак. А всё одно — то и дело начинал эти беспочвенные мечтания вслух. Ничтожен человек.

Она же всегда молчала. И так продолжалось до того времени, когда я, даже при свойственном мне житейском тугомыслии, понял, что она вовсе не желает никаких действительных перемен! И от мужа — особенно это стало понятно, когда у них в разгар нашего романа родилась дочь, — никогда и никуда, хотя бы и сразу ко мне, не уйдёт. У неё тоже не со мною была главная жизнь... Но почему-то так считалось, что исключительно моя несвобода препятствует нашему счастью, что я жертвую нашей любовью ради семейного благополучия (уж какое благополучие-то!), а она лишь страдающая сторона и полностью зависит от моего раздвоенного состояния.

И вот, как только я осознал эту фальшь, наша любовь стала меркнуть. И она поняла, что я проник в её мысли, — вернее будет сказать, в чувства — и понемногу стала отходить от меня, охладевать даже внешне... Так всё и пошло к полному угасанию, и осталась лишь привычка. Она вообще склонна жить, следуя больше всего привычкам...

Точку же поставил один нелепый случай, не имевший даже отношения к главным нашим трудностям.

Было это в позапрошлом году.

Мы договорились встретиться, по обыкновению, на Покровке, по окончании моих занятий в конторе. А под конец служебного дня обнаружилось, что есть неотложная и важная для банковских дел нужда встретиться мне в это же внеурочное время с важнейшим клиентом, вернее, с возможной клиенткой нашей, вдовой знаменитого московского богача, соответственно, тоже богачкой. Она хотела доверить нам некоторые свои финансовые дела, колебалась, и М-ин попросил меня с нею побеседовать, чтобы развеять её последние сомнения. М-ин — и не только он — считал, что я на дам действую гипнотически...

Я стал суетиться, изобретать способ, как известить о том, что любовная встреча отменяется, но времени уже было недостаточно, и я не нашел ничего лучшего, как пригласить миллионершу в тот же французский ресторан на Покровке, в котором было уговорено свидание.

Когда мы вошли, я издали поклонился уже ожидавшей меня за угловым столиком даме. Вдова с заметным неудовольствием посмотрела в ту же сторону, ей, очевидно, была нежелательна публичность отношений с нашим банком. Поэтому я не смог, как задумывал, извинившись, подойти к моей бедной, как-то сразу сникшей и растерявшейся, и коротко объяснить положение. Сел я лицом к ней, но не мог и знака даже подать никакого, собеседница неотрывно следила за моим лицом, так что я был принужден вести себя оживленно, самым внимательным и очаровательным образом, будто я не клиентку привлекаю, а любовную интригу заворачиваю... Через десять минут я увидел, что моя истинная любовница встала, бросила на стол деньги и пошла к дверям. Когда она проходила мимо меня, на лице её появилась слабая, но несомненно презрительная улыбка…

Разъяснить это отвратительное событие удалось нескоро, месяцев около двух она уклонялась от моего искания встречи. Постепенно, однако, всё изгладилось, мы снова стали видаться, мне казалось, что я убедил её в безвыходности моих тогдашних обстоятельств и ненамеренности обиды, которую ей нанёс… Однако именно после этого происшествия любви пришёл уже безусловный конец.

Тогда-то и надо было бы расстаться, не продолжая странных, уже никак не любовных отношений, но мы всё затягиваем мучения. И уже нет ничего, кроме каких-то мною же и выдуманных обязательств. Словно бы я имею двух жён и перед обеими равно виноват…

Нет, положительно невозможно ездить поездом! Теперь уж поздний вечер, а я всё вспоминаю тот случай, о котором в какой уж раз думал дорогой, и так мне стыдно, что передать нельзя. Да кому ж передашь? Вот только этой тетради.

22 мая

НУ И ДЕНЬ! В ОБЕД МЕНЯ ПОЗВАЛИ К ТЕ-
лефонному аппарату. На проводе был какой-то
господин, неразборчиво представившийся, так что
я не сразу уяснил, что это звонит протеже сына,
про которого он писал, К-ов. Попросил о встрече,
я согласился после занятий сойтись для беседы
в чайной комнате «Метрополя». Неловко же банковскому «воротиле» назначать деловое свидание
в обычном трактире на Мясницкой, а чай под вру-
белевскими чертями, которому там цена, как обеду в обыкновенном месте, я, так и быть, осилю...

Навстречу мне из-за дальнего стола встал молодой человек, и в нём я, очень удивившись, сразу признал налогового юношу, ведшего со мной

идеалистическую беседу на поминках по З-ко. Вспомнил я его даже при том, что теперь он был не в военного образца платье, а в пиджачной паре отличного кроя, каковую я особо отметил, поскольку сам за последние месяцы существенно утратил прежнее своё щегольство. Трудно было бы не вспомнить, поскольку он — в тот раз не упомянул — очень красив не совсем подобающей взрослому мужчине ангельской красотой. Её подчеркивают маленькие, завитые концами вверх усики и модная, на косой английский пробор, прическа золотисто-русых, вьющихся, но аккуратно приглаженных волос.

«Ваш сын оказал мне большую любезность, порекомендовав вам», сразу начал он, «хотя мы только недавно познакомились с ним по одному делу...» Я поинтересовался, означает ли это, что мой собеседник недавно был в Швейцарии. Он кивнул как-то не совсем определенно. «А как же вы проехали туда и вернулись?» Он и на этот вопрос ничего внятного не ответил, пробормотав лишь, что «была, знаете ли, нечаянная возможность». Больше я ничего спрашивать не стал, хотя мне было бы крайне любопытно узнать, предоставила ли эту возможность его налоговая должность, или нынешний костюм означает, что он с государственной службы ушёл и более к фискальному ведомству не причастен...

Между тем, юный красавец оказался чрезвычайно напористым и уже перешёл к делу. Смысл состоял вот в чём: непонятно, от чьего имени, но, очевидно, не только от своего, он предлагает через меня нашему банку «выгодную всем», по его словам, сделку. Суть её заключается в том, что банк выдает «нам», как он выразился, опять же не раскрыв, кто эти «мы», весьма крупную, даже «самую крупную, возможную для банка» сумму в наиболее твердых бумагах и золоте, «а мы кладём такую же сумму на счёт или несколько счетов в Лионском Кредите, на то лицо или на те лица, какие будут указаны вами». В качестве гарантии предлагается такая процедура: «они» приезжают в банк и находятся с полученными деньгами в банке, а тем временем в Лионский Кредит прямо с банковского телеграфного аппарата посылается телеграмма с договоренными тайными словами, на которую должен придти телеграфный же ответ с подтверждением открытия счёта или счетов, — для секретности там будут только номера и суммы, исключительно цифрами без пояснений. По получении этого ответа «они» забирают деньги из нашего банка, а наш банк, в свою очередь, уже имеет ту же сумму в одном из самых надёжных в мире банкирских домов. И, таким образом, операция состоится «к общей выгоде, потому что ведь известно, что сейчас у всех русских банков есть опасения о будущей сохранности наличных средств, а вывезти их через границы едва ли возможно». Этими словами он закончил объяснения и смотрел мне в лицо прямо, почти дерзко, что странно сочеталось с его внешностью совершеннейшего херувима.

Сказать по чести, я был поражён услышанным так, что на некоторое время онемел. Не надо иметь семи пядей во лбу, чтобы догадаться, что такое предложение банку могло быть сделано только людьми, имеющими сведения о наших затруднениях с хранением наличности. А кто ж и каким путём мог получить такие сведения? И какой особый интерес кому бы то ни было помогать нашему не слишком заметному в Москве банку? И почему неизвестные «благодетели» вошли в переговоры именно со мною, а не с М-иным, что было бы резоннее, или, к примеру, с Р-диным?

Словно угадав мои мысли, что было бы, впрочем, в таком положении нетрудно, юноша сказал, что «ваш сын прекрасный человек, он с некоторых пор помогает нам, мы последовали его рекомендациям». Опять не было сказано, кто такие «мы», к тому же оставалось не прояснённым, как мой сын мог рекомендовать подобную сделку, ежели я, натурально, никогда не писал ему о делах банка? И я напрямую спросил загадочного полузнакомца, кто эти «мы», столь любезно предлагающие нам помощь, и зачем им столько наличности в России, где её сейчас всё опаснее хранить. Он усмехнулся — усмешка на прекрасном лице неожиданно оказалась крайне неприятной — и, ничего мне не ответив, привстал и махнул куда-то рукой. Через мгновение подошёл ещё один господин и, не спрашивая позволения, сел к столу.

Это был человек лет за сорок, одетый пристойно, но неприметно — впрочем, я, всегда бывший внимательным к костюму и разным мелочам, сразу определил, что все вещи безусловно нездешнего происхождения. Так выглядит посредственный европейский буржуа, но ни в каком случае не средний москвич... С одеждою странный контраст составляло его лицо — бритое до синеватого оттенка, с грубо выраженными еврейскими чертами, из тех лиц, которые редко встречаются в Москве, а больше на западе и юге России. Туго кудрявые волосы лежали сплошной шапкой... В любом другом месте мира я бы принял его, пожалуй, за итальянца.

Не представившись и не извинившись за вторжение, он сказал негромко, но и не шёпотом, что говорит «от социалистов-демократов большевистской партии».

Стул, буду откровенен сам перед собою, словно поехал подо мной, и я еле не потерял сознание. Я и предполагать не мог, что боюсь всех этих «партийных» до такой степени!

Большевик с внешностью неаполитанского уличного торговца тем временем продолжил: «нам нужны деньги в России для нашей партийной работы, ввезти их через границу можно, но потребует особых усилий, да и рискованно, а вам желательно отправить деньги в противоположном направлении, так?» Его прямота и решимость столь открыто говорить с посторонним человеком сильно подействовали на меня. Они ничего не боятся, подумал я, значит, уже сила совершенно на их стороне... Я молча кивнул. «Вот и будем считать, что сошлись», сказал он, «нам деньги нужны через месяц, за это время мы успеем всё обсудить в подробностях». Я снова кивнул, будто паралич отнял у меня язык. Когда же, наконец, дар речи вернулся, я не нашёл ничего более существенного, как спросить, не сочтут ли телеграфисты нас германскими шпионами, получающими инструкции цифровым шифром. Они оба весело рассмеялись, после чего старший успокоил меня словами «вы за телеграф и обвинения в шпионаже не беспокойтесь, это мы всё берём на себя». Я не нашёлся, что ещё сказать, и мы, в одно время все трое, встали, чтобы проститься. К стыду своему, я не смог заставить себя раскланяться, не подавая руки. Рука большевика была крепкая и твёрдая, рука же юного ангелочка оказалась вялой и липко мокрой.

Они ушли, а я остался, потребовал, пренебрегши расходом, большую рюмку шустовской рябиновки и сидел ещё долго, пытаясь собраться с мыслями. Но ничего из этого не получилось, так что и в поезде по дороге домой, и дома весь вечер я всё думал о том же, но ничего не придумал. Главное — я не решил, как мне дальше вести себя. Следует ли немедленно с утра пойти к М-ину и все изложить? Или, ещё подумав, прежде чем снестись с красавчиком К-овым (он оставил мне номер для телефонной связи), всё ж таки отказаться от «выгодного всем» предложения, не ставя никого в банке в известность об этом свидании? Ведь с настоящими революционерами придётся иметь дело, с самыми из них отчаянными... Странно, своих Ленина с прочими Луначарскими и Каменевыми они преспокойно провезли через все границы в Петроград, а с деньгами у них трудности. Следовательно, всё ложь, а затевают они против нашего банка обычное мошенничество, никакие договоры с ними невозможны, как с ярмарочными обиралами, — заберут деньги, только и всех дел, а затея с телеграммами окажется простейшим подлогом...

С другой стороны, наличность надо спасать. Хоть с дьяволовой помощью, а надо. Так неужели несколько весьма опытных в банковском деле, прожжённых в денежных операциях мастеров не переиграют этих разбойников?!

А у сына моего хороши приятели... Вот тебе и Европа — нашёл там себе компанию, ничего не скажешь. И ведь раньше ни слова об этом не писал, всё о красотах озёр да об удачах с акциями...

Ничего сейчас не понимаю. В голове путается, в глазах будто песок — устал. У меня ещё есть для размышлений время, завтра в пути до Москвы.

3 июня

10 вечера

С ЭТИМ «НОВЫМ СТИЛЕМ» Я В ТЕТРАДЬ того и гляди запишу, как у Гоголя, — «числа никакого не было». Сейчас еле вспомнил дату...

Много всего случилось после того, как я последнюю запись сделал, так что буду краток.

Дня два или три после моей встречи с К-овым и «неаполитанцем»-большевиком, в банке сразу с утра ко мне подошел Н-ев и предложил отправиться под вечер в Чернышевские бани, наши любимые, куда мы раньше часто ходили, оба склонные к этому старомосковскому удовольствию. В последние же месяцы манкировали, не до бань стало... С тех пор, как у меня на даче имеется комната, в которой, кроме ватер-клозета, есть хороший мраморный умывальный стол и ванное корыто под белой эмалью, я прямой нужды в бане не имею. Вода носится ведрами из колодца и греется до желательного тепла в большом угольном котле, а из него уж идёт по трубам в корыто и к умывальнику, европейская система для их деревенских домов, мне её по особому заказу устроили. Пишу об этом, потому что сам уже не верю — из Вены специального мастера приглашал! А у Н-ева в его остоженской квартире и настоящая ванна есть, от городского водопровода, и вода греется газом.

Но баня — это особенное удовольствие, всегда у меня от неё настроение делается ровное, спокойное, и сплю после хорошо. Так что я с радостью согласился.

Взяли номер, в мыльне и парной побыли недолго, завернулись в простыни, как патриции, и сели в номере за столик, заказав белого изюмного квасу, — после парной даже я избегаю крепких напитков.

Я чувствовал, что Н-ев меня сюда пригласил не только для отдыха, но и для какого-то важного разговора — так и оказалось.

Глядя необычно для него хмуро, Н-ев сразу начал о существе: он уходит из банка, от квартиры на Остоженке отказывается и уезжает всей семьёю в Тифлис, где, как он считает, таких треволнений, как здесь, никогда не будет. В Тифлисе же, оказывается, у его жены есть кузен, который служит в компании Нобеля и обещает помочь Н-еву туда устроиться... Я был поражен этим сообщением. Вот тебе и давно задуманная Швеция — Тифлис! Эдакой решительности и быстроты я от Н-ева, всегда немного медлительного и неразворотливого, никак не ожидал. А он добавил, что уже подал письмо о выходе из дела М-ину и этим же письмом попросил выдать ему его долю в капитале банка из тех наличных, которые у нас есть.

Это означает, что наличных у нас в подвале станет меньше...

Словно извиняясь передо мной, Н-ев сказал, что теперь, уже не имея собственного интереса в судьбе банка, он настоятельно, как старый приятель, мне советует всячески подталкивать М-ина к быстрому принятию решения об остающихся деньгах, в которых есть и моих немало. Обстоятельства плохи, сказал Н-ев так мрачно, как прежде никогда не говорил, надо спешить, и если М-ин в ближайшее время мер не примет, то и мне, по его, Н-ева, мнению, следует тоже выйти из дольщиков и уж самому решить, как с полученными средствами поступить. Лучше всего из Москвы бежать, а коль за границу невозможно или слишком трудно, то куда угодно, хотя бы в Крым, куда, как он знает, я и сам собирался отправить супругу.

Разговор как-то сразу иссяк. Высказывать своё мнение об уже решённом мне было неловко, да у меня мнения и не составилось за эти несколько минут. Мелькнуло только почему-то о «бегстве с тонущего корабля», но судить Н-ева за это было бы несправедливо, он спасал семью, как и я хотел бы спасти. Несколько поцарапало то, что он подал письмо М-ину прежде, чем известил меня, но, в конце концов, я ему не брат, а всего лишь приятель. Видно, он тоже мучился, как я, искал выхода, нашёл — и тотчас стал действовать, и правильно...

Мы оделись и вышли в переулок. От службы в Воскресении на Успенском Вражке тянулся народ, в глубине храма, видной за открытыми дверями, слезливо мигали свечи. Н-ев покосился на моё крестное знамение и едва заметно пожал плечами. Видно, и он, как многие, считает меня или не совсем умственно уравновешенным (что верно), либо лицемером. А последнее несправедливо, потому что Вера моя искренняя, хотя и недостаточно твёрдая. Верил бы, как должно верить, так положился бы на Господа и промысел Его.

В следующие дни в банке много говорили о поступке Н-ева, известие о котором, конечно, распространилось вплоть до последнего курьера. Один только М-ин ничего не говорил, будто и не случилось ничего. А Н-ев через три дня просто исчез, не попрощавшись даже со мною! Некоторые видели, как он выходил из дверей с большим менделеевским чемоданом и садился на извозчика...

Ну, храни его Бог.

Ночи мои и вообще домашняя жизнь дошли до невыносимого края. От водки вовсе не сплю, к тому же стал терять после выпитого остатки выдержанности, завожу с женою излишние и бесплодные разговоры, которые с её стороны кончаются настоящим истериками, иногда даже при горничной, — «ты меня намеренно огорчаешь своими рассказами об ужасах, я и без того знаю, что дело идёт к гибели, для чего же меня убивать, разве тебе легче от этого...» Что действительно становится легче, как поговоришь с близким человеком, она не понимает или не желает понимать. А что говорить мне теперь, кроме как с нею, не с кем, не верит, должно быть. По-старому полагает, что у меня романы, что я с любовницами беседую. Помнит зло.

Между тем, ни о каких встречах на Покровке уже и речи нет. Один только раз за несколько последних месяцев она телефонировала мне в банк, как обычно, от подруги, разговор в присутствии посторонних людей был фальшивый. Она спросила о здоровье, я ответил благодарностью и, в свой черёд, спросил, всё ли благополучно у неё. Сказала, что благополучно, муж (назвала его по имени и отчеству) получил пенсион и теперь всё время дома, по этой причине у неё забот прибавилось. Не зная, что ещё спросить, я сделал слишком долгую паузу, так что возникла неловкость, потом вспомнил и осведомился о дочери, на что получил необъяснимо короткое и даже резкое «благодарю», без продолжения. Попрощавшись, мы в одно время дали отбой.

После этого разговора я почувствовал себя странно, будто вот теперь всё и кончилось. Понятно, что при безвыходно находящемся в доме муже она уже никак не сможет ездить на Покровку без объяснений своей отлучки, свидания наши вовсе прекратятся. И где-то в самой глубине моей души мелькнуло облегчение, будто донёс и снял с себя тяжелый груз... Что же это?!

3/VI/1917

CLXV

Страшно, страшно жить, страшно жизни и себя самого, готового предать всех, кого любил и люблю. Страдаю от страха за них (опять страх!) и мечтаю освободиться от этого страха, развязать руки, как-то устроить так, чтобы они все были в безопасности, и я смог уже безбоязненно встретить всё, что будет.

Сегодня вечером, в обратной дороге из Москвы, читал газеты, от которых в последнее время, за частными своими заботами, отошёл.

Чтение это привело к тому, что меня форменным образом стало трясти, по дороге от станции к даче, само собой, достал флягу успокоительного и, дважды остановившись, пренебрегая взглядами обгонявших меня попутчиков с позднего поезда, прикончил весь карманный запас разведённого спирта. Теперь я его покупаю не у дезертиров, торгующих, по определению моих желудка и кишок, ядовитой автомобильной дрянью, а у аптекаря, тайно,— у него чистый.

В газетах же вот что: англичане воюют по-настоящему, берут тысячи пленных, а у нас тысячами дезертиров ловят, в каждой деревне объявляется «республика», вернулся на родину кн. Кропоткин, анархическое учение которого принесло, по моему убеждению, России столько же вреда, сколько и проповедь другого титулованного бунтаря, гр. Толстого, в Казани страшные пожары, московские дворники стали-таки бастовать, отовсюду сообщения, что цеховых мастеров и другое начальство вывозят с фабрик и заводов на тачках по моде пятого года...

Не то пугает, что придут такие последователи «непротивления злу» и «свободы, равенства, братства» и сразу убьют, это уже не самое плохое, чего можно ждать. А как придётся голодать и смотреть, как близкие голодают? Как выгонят из дому и придётся искать крыши неведомо какой? Как будем скитаться, постепенно погибая?

Положительно, можно считать меня сумасшедшим, когда живу в собственных хоромах, с прислугою, в полном — с небольшими, разве что, стеснениями — довольстве и сытости, а боюсь нищенства и бездомья. Ничем, кроме как истерическим состоянием нервов, такое настроение объяснить нельзя, и возражать против того, что у меня истерика, я не стану. Именно истерика, усиленная привычкой к постоянному тихому пьянству.

Но разве мне делается легче от того, что я соглашаюсь с таким толкованием?

Да вот ещё что: я уверен, что предчувствия мои верны при всей их чрезвычайной мрачности. Между довольством и нищетою пропасти в нашей российской жизни никогда не было, от сумы и тюрьмы не отказывались, а по нынешнему времени всё вообще может случиться в любой миг.

4 июня

В БАНКЕ ТИХО, СЛУЖАЩИЕ МЕЖДУ СО-
бой не беседуют, да и времени для этого нет:
к каждой кассе стоят по пять-десять человек,
выбирают всё со своих счетов. Сколько так может продолжаться? По моим подсчетам, мы уже
давно должны обанкротиться, но М-ин молчит,
из своего кабинета почти не выходит и никого
к себе не зовёт, кроме Ф-ва, тот там сидит по
нескольку часов в каждый день.

Сегодня я ушёл из конторы раньше обыкно-
венного и отправился на вокзал пешком. Сильно об этом пожалел, да уж поздно: на повороте
в Орликов стал очевидцем ужасного происшествия, которое и сейчас стоит перед глазами. Из-

дали, шагах в двадцати, увидал, как на панели вдруг собралась небольшая толпа, внутри которой было бурное движение, раздавались крики, а когда я подошёл, послышался крик особенно истошный и мучительный. Тут же ударил выстрел, неестественно громкий, толпа в один миг рассеялась, и открылся лежащий на земле щуплый человек в задравшейся солдатской рубахе и деревенских холщовых штанах, голова его была сплошь в крови. Он не двигался, и, когда я подошёл поближе, стало ясно, что он мёртв, ноги его, с одной из которых свалился разбитый ботинок, дернулись, заскребли пятками землю и вытянулись. Рядом стоял милиционер из тех, что теперь вместо городовых, в кожаной, несмотря на теплую погоду, тужурке, с большим полицейским револьвером в руке. Я остановился, не в силах отвести взгляд от жуткой картины. «Вот, гражданин, видите», обратился ко мне милиционер, тоже, явно против своей воли, не сводя глаз с тела и желая с кем-нибудь поговорить, «забрал в булочной на Садовой кассу да бежать, а булочники догнали, стали бить, кто-то в висок гирькой и попал... везде эти дезертиры». Неожиданно для себя самого я спросил стража нового порядка, как и откуда он поступил на эту службу. «Я конторщиком был на Трехгорной», неохотно, но ответил он, «член партии социалистов-революционеров... вот, по назначению партии и пошёл...» «И что же, лучше здесь, чем конторщиком», спросил я со всё более удивлявшей меня смелостью, «или лучше было без револьвера в конторе сидеть, а привычные ко всему городовые пусть бы такими делами занимались?» Он ничего не ответил, только посмотрел мне в глаза с заметным недовольством, и я счёл за лучшее тут же продолжить свою дорогу.

В поезде не мог опомниться от увиденного, и сейчас ещё вижу эту окровавленную голову. Даже писать ни о чём больше не способен.

10 июня
вечера четверть 12-го

СЕГОДНЯШНЕЕ СОБЫТИЕ В КОНТОРЕ ЗАслонило все новости последних дней.

С утра М-ин собрал всех, кого зовёт обычно: Ф-ва, Р-дина и меня. Без всякого предисловия он объявил, что положение банка безусловно заставляет объявиться банкротами не дальше чем через десять дней. Уже пора давать извещения в газеты и начинать готовиться к отчуждению дома и другого банковского имущества, которое давно в закладе. Что до наличности, то с нею удалось всё устроить самым удобным образом: знакомый М-ину mister D-son, управляющий хозяйственными делами английского посольства, согласился для нужд посольства учесть у нас вексель, обеспеченный Его Величества казначейством Великобритании. Этот джентльмен готов приехать из Петрограда через два или три дня, в таком случае с ним прибудут и посольские офицеры для охраны наличности в обратном пути, так что нам необходимо согласиться о решении как можно скорее.

После короткого молчания первым заговорил Ф-ов в том смысле, что выход из положения единственный, гарантии — солидней некуда, и надо готовить денежные мешки для выдачи англичанам. Р-дин, долго раскуривал сигару, выпускал дым, кашлял, однако и он, помявшись таким образом, согласился, что вексель Британской казны — вещь надёжная, вывезти его сохранно из России существенно легче, чем пуды наличных денег, так что решение может быть только положительное.

Пока они высказывались, я имел время обдумать свою позицию. Заводить теперь разговор о предложении, сделанном мне революционерами, было очевидно не к месту: как можно равнять тех разбойников с английским дипломатом? Но сразу же (когда речь идет о важных вещах, я оказываюсь холоден и рассуждаю быстро) у меня возникло сомнение, относящееся не до надежности английских гарантий, а к дальнейшим нашим действиям, и я спросил М-ина, как потом будет устроено получение по векселю своей доли каждым из присутствующих. По существу, вопрос мой означал лишь одно — кто повезёт вексель?

М-ин ответил без промедления, будучи, очевидно, готов к этому естественному вопросу. Везти вексель может любой из нас, кто в ближайшее время сможет надёжным путем покинуть Россию. При этом он должен будет, в свою очередь, выписать векселя оставшимся троим на принадлежащие им суммы, а при встрече за границей или по возвращении в Россию, когда в ней снова установится порядок, эти векселя выкупить. Мы знаем друг друга не первый год, закончил М-ин, так что теперь вряд ли может встать вопрос о доверии...

CLXXIV   *10/VI/1917*

Я не стал спрашивать, кто, всё ж таки, предполагается на самую доверительную роль. Не стал я и прямо возражать против плана, потому что понял, что возражения никакого последствия иметь не будут, только будет вслух сказано то, что всем и так понятно, а я представлюсь предателем общего дела. И от меня начнут скрываться...

На том и разошлись.

Я, без минуты промедления и никого не предупреждая, покинул контору, не имея больше сил находиться под одной крышей со своими бывшими товарищами. В хорошо знакомом ресторане на Лубянской площади потребовал сразу большую рюмку водки и прошёл к телефонному аппарату, наличие которого за буфетом было мне давно известно. Карточка с нужным номером, к счастью, была при мне...

Сейчас, хорошо в течение целого дня всё обдумав, я окончательно утвердился в том, что места на английском пароходе из Архангельска для М-ина с семьей, а то и для Ф-ова уже заказаны.

Тем не менее, чувствую себя последним негодяем, каковым и вправду за эти страшные месяцы стал. Что все кругом такими же стали, утешение лживое. И что я быстро принял то решение, которое делает меня бесповоротно мерзавцем и прямым преступником, говорит о том, что я для любой подлости уже давно гожусь.

Но и быть закланным агнцем не желаю и не могу — я не один, на мне слабые...

Зачем я дожил до этого времени?!

Заснуть сегодня уж наверное не сумею, ещё и жара стоит, даже ночью дышать нечем.

Жалею ли о том, что сделал? Тут можно написать всю правду: нет, не жалею.

Прости меня, Господи.

Но есть ли мне прощение?

Три часа ночи
с 12 на 13 июня

ЕСЛИ ОТ ВСЕГО Я НЕ СОЙДУ С УМА ПО-настоящему, значит, я сделан из камня.

Но покуда только болит вся левая половина тела, под лопаткою давит, а уж про камень в животе не говорю.

То, что было около полудня, теперь представляется сном, будто кошмар навалился, душил, терзал меня бессилием, а после проснулся — и нет ничего... Часто теперь приходит чувство, что не жизнь кругом, а кошмар, бред ночной. Такого ещё не было, да и вряд ли будет в моей жизни.

Я стоял у окна конторы на втором этаже, курил и смотрел вниз, на Мясницкую. Уже докурив папиросу и раздавив её в тяжелой мраморной пепельнице, которую держал в левой руке, я увидал, как вплотную к подъезду остановился автомобиль с грузовой площадкой и открытой шофёрской будкой. В автомобиле остался шофёр, а тот, что сидел рядом с ним, и пятеро человек, приехавших на площадке, позвонив у дверей, вошли в банк. Мне сверху показалось, что они, не мало не много, африканцы, потому что лица у них были черные. Но в тот же миг я сообразил, что те, кто приехали, спрятаны под масками, и уже всё понял...

Снизу раздались громкие голоса, по главной лестнице топали ноги, и визитёры — трое из них — показались почти прямо передо мной. В руках у всех были револьверы. Один, идущий впереди, молча, будто неодушевлённый предмет, отодвинул меня, шагнувшего навстречу никак не от храбрости, а от растерянности, и прямо, не сомневаясь, прошёл к кабинету Ф-ова, распахнул дверь и остановился в проёме. «Ключи», приказал он коротко и громко, «ключи от ящиков бросьте мне под ноги». При этом я увидал со спины, что он навёл револьвер в глубину комнаты. Через мгновение раздался звон, грабитель слегка присел, не отводя револьвера от цели, и поднял связку. После этого он закрыл дверь и запер её снаружи торчавшим в скважине ключом.

Тем временем другой налетчик уже оборвал одним резким движением провод телефонного аппарата, висевшего на стене у лестницы, и второй провод, протянутый к аппарату в кабинете М-ина.

Все происходило одновременно, так что в ту же минуту и сам М-ин показался в высокой двери своей части второго этажа, где в передней комнате сидела барышня с пишущей машинкой и отводной трубкой, а в задней был собственно кабинет. Тут же один из преступников навёл на него револьвер и жестом показал, чтобы он вернулся в свои помещения. М-ин, на лице которого даже испуг ещё не успел отразиться, так что оно выражало лишь любезное недоумение, сделал шаг назад и исчез за дверью, которую первый налётчик тотчас тоже запер на ключ снаружи. Таким же образом он поступил и с третьей, выходящей на круглую площадку возле лестницы дверью комнаты Р-дина, что было впустую, поскольку её хозяин за час до этого срочно уехал в судебную канцелярию по делам будущего банкротства. Дверь в мою комнату оставалась распахнутой, но меня в неё не направили, чтобы запереть, как других. Вместо этого первый и, видимо, главный в банде разбойник подошёл ко мне, жестом показал, чтобы я спускался по лестнице, и сам пошёл сзади, уперев дуло револьвера мне в шею под затылком.

Как я сошёл по широкой, в один марш лестнице, не помню. Не помню, и куда делась пепельница из моих рук, которую я до того так и держал...

Внизу я мельком увидал такую невообразимую картину: все служащие, и кассиры, и сидевшие обычно в задних помещениях за конторками, лежали на полу главного зала тесно вповалку, все лицами вниз, а над ними стояли двое в масках, держа револьверы наготове. Третий охранял швейцара, прижав дуло к его виску.

Шедший позади меня еле слышно прошептал мне в ухо: «в хранилище, ведёте в хранилище и велите сторожу его открыть, так?» Голос его был заметно искажен шёпотом и маской… Мы повернули под главную лестницу, спустились по узким металлическим ступеням, ведущим в подвал, и остановились перед запертою решёткой. Здесь мой охранник передал связку одному из своих подчинённых, и тот, сразу угадав ключ, отпёр замок и отодвинул решётку в сторону. В том же порядке мы миновали ещё один лестничный марш вниз, сделали несколько шагов по узкому проходу и упёрлись в железную дверь хранилища. Дуло сильнее уткнулось мне в шею, и я услышал «прикажите сторожу отворить».

Приблизившись к особой небольшой, забранной мелкой решеткой отдушине, предназначенной для переговоров с артельщиком, через которую он мог видеть и лицо говорящего, я сказал: «Николай Гаврилович, отоприте, пожалуйста, это я, Л-ов». Не знаю уж, почему мне было известно, что из артельщиков очередь сейчас как раз Николая Гавриловича... Раздались скрежет и лязг, тяжёлая дверь с натугою распахнулась, и несчастный Николай Гаврилович тут же получил сильный удар по лицу револьверной рукояткой от стоявшего рядом со мною грабителя. Бедный сторож без звука упал, на пол закапала крупными каплями кровь. Бесполезное его оружие лежало на маленьком столе, рядом с куском колбасы на бумаге и горбушкой хлеба.

«Зачем вы сделали это», закричал я, «вам же не противодействуют!» Никто не ответил, вместо того я получил сзади сильный тычок, так что отлетел к стене и сел на пол. Проходя мимо меня к ящикам, главный налётчик с заметной брезгливостью бросил мне почти в лицо скомканный листок бумаги. Уже ничем не оскорбляющийся, я механически сунул комок в карман... Грабители тем временем уж открывали, сообразуясь с бирками на ключах, ящик за ящиком и вытаскивали наружу толстого брезента мешки с приготовленной для англичан наличностью...

Через несколько минут тем же путём все поднялись из подвала в главный зал, где положение никак не изменилось. Я снова шёл первым, за мною главарь, опять уткнувший дуло мне в уже расцарапанную и, кажется, кровоточащую шею, следом двое тащили мешки, сунув револьверы в карманы и сгибаясь под непомерной тяжестью. В моей голове мелькнула мысль, что ссйчас разбойникам можно было бы дать отпор, пока по крайней мере двое из них не могут ответить, а остальные заметно заинтересованы видом поднятой на поверхность добычи — во всяком случае, они, не опуская, впрочем, револьверов, повернули головы к возглавляемой мною процессии... Но кто будет с ними сражаться? Счетоводы, среди которых половина старики, служащие здесь со дня учреждения банка, а другая половина белобилетники, свободные от призыва по болезням? Или я, которому, стоило бы пошевелиться, в голову вошла бы пуля?

12–13/VI/1917   CLXXXIII

Ещё через две или три минуты всё было кончено. Быстро распахнув входные двери, двое грабителей бросали мешки на грузовую площадку, пока другие трое держали на мушке всех в главном зале. После этого и вся компания залезла на площадку. Тем временем стоявший за моей спиной атаман чрезвычайно ловко связал мне, больно вывернув их назад, руки извлечённым откуда-то шнуром и на прощанье сильно ударил меня по макушке — к счастью, видимо, не револьвером, а просто кулаком, так что теперь у меня там не рана, а лишь огромный желвак.

Падая и уже теряя сознание, я увидал, что и мой мучитель вышел и закрыл за собою двери. Тут в глазах у меня сделалось темно...

Позже, придя в себя, я узнал, что всё продолжалось лишь четверть часа, и что подъезд, перед тем, как уехать, шайка заперла снаружи взятым у швейцара ключом, так что некоторое время и выйти никто не мог. В конце концов сам М-ин разбил окно в своем кабинете — что было не совсем просто, поскольку стекло толстое, зеркальное, окно огромное, и пришлось издали кидать в него тяжелым письменным прибором — и позвал на помощь. Замок на входных дверях ломали... Через почти час, вызванная через коекак восстановленную руками Ф-ова телефонную связь, приехала карета из Екатерининской больницы, фельдшер осмотрел мою голову и увёз бедного Николая Гавриловича, до того кое-как перевязанного нашими силами. Спустя ещё полчаса явились милиционеры, как водится теперь, в каких-то кацавейках вместо форменных мундиров, долго писали бумаги, никакого особенного интереса к случившемуся не проявили и покинули банк, ничего определённого не сказав.

Банк, само собой, закрыли на весь день. Служащих, кроме нескольких самых толковых и преданных, отпустили, немедленно позвали стекольщика и слесаря для починки замка на входных дверях, послали и за другим артельщиком в помощь швейцару на ночь — как обычно, всё делается не до несчастья, а после...

Сошлись, включая и уже вернувшегося и ничего не понимающего Р-дина, в кабинете М-ина, сидели молча и даже друг на друга не смотрели. Да и не о чем было говорить, только удивляться, что того же раньше не случилось, банки, магазины и прочие заведения, в которых предполагается наличие денег, постоянно грабят, а в газетах это важно называют экспроприациями. А что налётчики были прекрасно осведомлены, где у нас несгораемые ящики стоят и у кого от них ключи, так тоже нет ничего удивительного: любой клиент, прождав, как теперь обыкновенно бывает, час своей очереди в кассу, мог многое, если не всё, про устройство нашей конторы узнать, в частности, увидать, как Ф-ов спускается в подвал со связкою. То же, что по голове досталось мне, а не кому другому, объяснялось, скорее всего, моим злосчастным курением на видном месте...

Высказавшись, в конце концов, в этом духе, то есть как бы приняв вину за беспечные порядки в банке на себя, М-ин добавил, что теперь банкротство тем более надо завершить как можно быстрее, поскольку ему есть и очевидная причина. Что касается до наших денег, то с ними, натурально, следует проститься... Наличность у нас теперь только та, что была в маленьких шкатулках у кассиров.

М-ин, говоря, заметно трясся, Р-дин и Ф-ов сидели будто без сознания, я, с приложенным к голове мокрым платком, вероятно, выглядел не менее плачевно. Выходили мы из этого дела с потерей всего накопленного...

Между тем, одно осталось не разъяснённым: как налётчики угадали придти в банк как раз накануне приезда англичан? Приди они на день позже — и нечего было бы взять... Значит, один из нас... Но, будто согласившись между собой, мы об этом не говорили.

Всё ещё не верю — да я ли это сижу ночью у себя дома и пишу в тетрадь?.. Как же я теперь жить буду?

Теперь уж поздно об этом спрашивать.

Вот искал папиросы, а вынул из кармана старую газету, прочел, что в Севастополе матросы

обезоружили офицеров, заставили уйти от ко-
мандования адм. Колчака, нашего путешествен-
ника и героя... Прочёл — и смял лист, кинул газету на пол. Это невозможно! Вся страна раз-
бойничает, а я всё про себя думаю, терзаю
душу...

А вот М-ин с Ф-овым, наверное, не терзались,
когда придумывали свой план с векселем.

Будь же оно всё проклято, и я вместе со всем.
Остаётся одно — спасать своих.

13 июня

ГОЛОВА НЕМНОГО КРУЖИЛАСЬ ПОСЛЕ удара и целой бессонной ночи, но с утра поехал в банк. По дороге зашёл в почтовую контору на углу бульвара, отправил телеграмму и дождался ответа. Телеграфист, вопреки моим опасениям, равнодушно глядя поверх моей головы, высунул в окошко листок и пучок ленты...

В банке меня ждало сообщение, что М-ин прислал записку, которой объявил, что доверяет свои полномочия Р-дину, а сам уходит от дел вплоть до завершения процедуры банкротства, в каковом завершении он обязуется принять участие. Контору он распоряжается закрыть для всех клиентов немедленно, служащих распустить, заплатив им сколько возможно из всех оставшихся сумм, включая те, какие удастся выручить срочной продажей перекупщикам всего не находящегося в закладе банковского имущества — продажей предстояло заняться мне. Здание при банкротстве естественным путём отойдет по закладу в собственность города.

Немедленно в дополнение к этим известиям Р-дин мне сообщил, что с утра же подал официальную просьбу об увольнении от обязанностей Ф-ов, объясняя тем, что у него, как у заведывающего кассовой частью, теперь не будет никакого занятия.

Таким образом, мы с Р-диным останемся здесь самое большое через неделю вдвоём.

Под вечер, когда приехал домой, почти падая с ног от усталости и едва не в рыданиях от нервного состояния, имел разговор с женою. Она спросила, не случилось ли чего, — давно она меня об этом не спрашивала... Я отвечал, что «да, действительно, случилось вот что: банк наш приказал долго жить, так что надо будет принимать решение о дальнейшем существовании». Она, в свою очередь, сказала «я никогда ничего не решала и теперь уж тем более готова принять любое твое решение». Как удивительно устроены люди! Ведь ей и вправду кажется, что прежде в нашей жизни всё решал я. А что я всё решал, будучи вполне под её опекой и не бросающимся в глаза, но твёрдым управлением, она никак и никогда не сможет признать... Я сказал, что подумаю несколько дней, подсчитаю все свои возможности и, если удастся, отправлю её с горничной и собаками за границу — опять же, ежели сумею устроить все бумаги и гарантии надежного проезда.

Это продолжение разговора происходило уже за обеденным столом. При моих словах относительно отъезда за границу она резко взглянула мне в лицо. Я изобразил на лице вопрос — мол, что значит этот взгляд? «А ты», спросила она уже откровенно сардонически, «останешься здесь, повеселишься на свободе, наконец?»

У меня дыхание перехватило. Пожалуй, за всю жизнь я не получал более незаслуженной обиды. Хорошо же я повеселюсь здесь, оставшись без дома, поскольку дачу я продам за любую цену и как можно быстрее, чтобы всё отдать ей, без денег, безо всего — и, если уж на то пошло, давно оставшись и без какого-либо утешения... Да, она об этом не знает и имела прежде основания меня подозревать, но ведь многие перемены во мне и в моей жизни могла заметить за последнее время! Ежели бы хотела заметить...

Увы, я ответил безобразным криком, которым бессвязно пытался опровергнуть перспективы моей «свободы». Она встала из-за стола, уронив салфетку на пол, коротко бросила «отлично, я уеду с радостью» и вышла.

Что же мне остаётся? Я потерял всё, что имел, и продолжаю терять то, чего уже давно не имею. А единственное, что сохранил, поступившись своей совестью, так этого человек, ради которого всё сделано, никогда не оценит.

CXCII   *13/VI/1917*

Или она права, и я действительно сбрету свободу? Но не ту, что она подразумевала, а истинную свободу неимущего человека?

Чувствуя мою бессонницу, приползли в кабинет из спальни собачки. С полу на меня смотрят две пары круглых трагических глаз... Можно ли молиться за них?

Господи, прости мне отчаяние моё.

И эта мольба непростительна.

Завтра же пойду до отъезда в Москву исповедаться и причаститься, упрошу батюшку. Нет более сил выносить себя.

29 июня

ВЧЕРА ВЕРНУЛСЯ ИЗ ПЕТРОГРАДА, КУДА ездил провожать жену. На Финляндском вокзале толчея, будто весь город уезжает, однако когда подают поезд, идут к вагонам человек двадцать-тридцать. В первом и даже во втором классе вовсе пусто. Что же делают сотни народу в вокзале, где полы в зале затоптаны до изумления?

Простились тяжело. Она еле заметно отвернула лицо, когда я склонился, чтобы её поцеловать, когда же я её перекрестил, перекрестила и меня со словами «храни тебя Бог, приезжай, как захочешь». От этого её «как захочешь» я едва не впал в обычное исступление. Мир летит в тартарары, а она всё ещё полагает, что дело лишь в моих желаниях, а не в последних возможностях, которые я все применил, чтобы её отправить! Не как захочу, а как только смогу, разделавшись с дачей... Или бросить всё?

Я перекрестил и горничную и даже поцеловал её в лоб. Испуганно взглянув на меня, она заплакала. «Что ж теперь плакать, Танюша», сказал я, «теперь уж у вас всё хорошо будет». Она заплакала ещё сильнее... Немного не заплакал — а если по чести, то заплакал — и я, целуя собак в курносые милые морды. Жена сидела с сухими глазами, смотрела в окно.

Они заняли целое отделение в международном вагоне. Бумаги все в порядке, но как получится у них дорога после Финляндии по Европе — один Бог знает. Я снёсся со знакомым мне человеком, давно живущим в Брюсселе как представитель российской компании электрического трамвая, он пообещал помощь, но до Брюсселя ещё добраться надо... А в Париже их должен встретить сын, ему я отправил подробное письмо, но ответа пока не получил. Надеюсь, всё дело в том, что

| *29/VI/1917* | **CXCV** |

почта ходит медленно в Россию, а моё письмо к нему успело придти.

Правильно я настоял, чтобы багажа взяли поменьше, только необходимое на первое время. Устроятся на месте — всё купят, с деньгами, надеюсь, затруднений не будет, всеми способами проверял.

А всё ж таки удивительно, что меня не обманули. Оказалось, что у них, не глядя на «революционную честь», есть некоторые понятия о благодарности: мою долю отдали. Но вот что интересно: отдали б всем четверым доли, ежели пошло бы, как поначалу договаривались?

Перед вагоном я стоял до той минуты, когда паровоз дернул и поехало от меня окно, за которым было чуть видно лицо жены. Возможно, мне показалось, что в тот миг по нему потекли слезы. Сам же я уже плакал навзрыд.

Так, плачущим, я и вошёл в буфет первого класса, сразу выпил там несколько рюмок, но всё равно не мог себя сдерживать. Прежде рыдающий мужчина в этом месте привлек бы много косых взглядов, а сейчас никто никакого внимания не обратил, да и не было в буфете никого, кроме меня и артиллерийского полковника с рукой на перевязи, глотавшего рюмку за рюмкой ещё жаднее меня...

В службу я больше не хожу. В первые два дня нашего управления мы с Р-диным нашли в книгах такое, что сочли за лучшее раздать служащим всё, что было, и более в конторе не показываться. О банкротстве в газетах уже напечатано, и если б делами банка заинтересовался кто-нибудь из пострадавших клиентов, нам не избежать тюрьмы. Эти господа, М-ин и Ф-ов, оказались форменными мошенниками и средствами банка распоряжались как своими кошельками! Особенно вольно они стали запускать руки в деньги клиентов как раз тогда, когда мы стали отказывать в долгих ссудах, а коротких, самых для банка выгодных, у нас не стали просить — то есть тогда, когда начались разговоры о банкротстве. Если бы не их махинации (например, со счетов некоторых крупных клиентов они прямо отправляли деньги на собственные счета, надеясь, видимо, что банкротство всё спишет), то банк ещё мог бы существовать.

Р-дин тоже хочет бежать. Хороший, доставшийся от родителей дом в Петровском парке оставляет на произвол судьбы, под замком, и с семьёю, собрав все средства, уезжает в Одессу: ежели придётся, оттуда морем можно и дальше. Мы, два простака, обнялись самым сердечным образом. Когда б он знал...

Вот как всё разрешилось. Я не перестал мучиться тем стыдом, который уже всегда будет меня мучить, но ясно вижу теперь и комический характер случившегося. Вор у вора дубинку украл... Ежели быть до конца честным, то стыдно мне теперь только перед Богом и собою, прочие же меня не интересуют. Все мы в той или другой мере М-ин и Ф-ов, по всем каторга плачет. Да и по всей нашей несчастной стране! Россия сделалась станом разбойников, вся Россия. Чем дальше, тем больше я склоняюсь к тому, что свержение Государя было действием совершенно преступным, результатом заговора, в котором, очень может быть, все наши милюковы, родзянки и керенские только пешки, а истинные стратеги сидят не только в Берлине, но и в Лондоне, и даже в Нью-Йорке. Последние события на фронте наводят на мысль, что война могла бы идти не так позорно для России, если бы Государь Николай Александрович не ушёл со трона. Тогда бы наступление, начавшееся 18 июня, могло бы дать плоды, а теперь все военные выгоды будут обязательно профуканы. А кто ж ими сумеет воспользоваться, если генералов чехардою меняют? Если солдатам дана свобода решать, идти в бой или, прогнав своих офицеров штыками, бежать в Петроград, под защиту этих проклятых «советов», в которых ленинские «большевики» всем заправляют… А можно и к нам, в Москву. В то время как на фронте последние оставшиеся в живых честные офицеры ведут последних честных солдат в бой, у нас по Тверской ходят толпы с красными тряпками, на которых «война войне» и всяческие «долой».

| *29/VI/1917* | CIC |

Кричат против «министров-капиталистов», а кто ж там капиталист, разве что кн. Львов? Или сам, «главноуговаривающий» Керенский, болтун, как следует адвокату? Были б там настоящие капиталисты, как в Европе, то не было бы, думаю, такого безобразия. Не было бы каторжанского «пятого списка», да и «третьего», социалистов-революционеров, главных теперь думцев, но таких же преступников, как и «большевики», тоже не было б. Были бы кадеты против октябристов, как, к примеру, в Англии тори против вигов... А, да что бумагу переводить бессмысленными «если б да кабы»!

А, всё ж таки, какими мазуриками оказались М-ин и Ф-ов! Одного только беднягу Р-дина жалко... И как это Н-ев вовремя сбежал в свой Тифлис!

Дожить бы до известия от жены. Лишь бы она доехала до места, устроилась, с пользованием счётом определилась бы, и я стану едва ли не счастлив... Тогда придет время думать и о себе, и о прочем.

4 июля

ТРЕТИЙ ДЕНЬ БЕЗВЫХОДНО СИЖУ ДОМА, жду покупателя дачи, найденного через знакомых по клубу на удивление быстро. Господин чрезвычайно сомнительный, но кто ж, кроме сомнительного господина с не то малороссийским, не то польским выговором и в испятнанной перхотью круглой шляпе мелкого маклера, станет сейчас покупать недвижимость? Цена ничтожная, издевательская, зато он сразу отдаёт всё и наличными фунтами, вот как! При этом милостиво согласился, чтобы я оставил полную меблировку и даже книги, — «ничего, пан Л-ов, книжечки не мешают, очень способствуют уютности и приёмному виду». Тьфу!

Мерзавец назначил окончательную встречу ещё на позавчера, но всё не едет. Не передумал бы...

Я же тем временем решил судьбу кухарки: по моей рекомендации её берут в богадельню, но не на содержание, а тоже кухаркой. Лучше не придумаешь — и стол, и дом, и хотя бы какие-то копейки. Как только разделаюсь с дачей, сам, взяв лишь самые нужные вещи, съеду на несколько дней, до получения вестей от жены и после этого немедленного своего отъезда, в какие-нибудь номера, а беднягу кухарку отвезу в новое её жилище. Богадельня эта во имя Св. Евпла как раз на знакомой мне лучше некуда Мясницкой, в девятом доме. Когда я сообщил новость самой Евдокии Степановне (из почтения к годам я всегда к ней так обращался), она, похоже, не поняла, о чём идёт речь, а потом, когда я повторил, как и следовало ждать, горько заплакала. «За что ж вы меня», чуть слышно спросила она сквозь слёзы, «разве я совсем уже не могу по кухне управляться?» Я постарался объяснить, что у меня к ней никаких претензий нет, но дом продаётся, я уезжаю следом за женой, а ей на новом месте будет спокойно и даже хорошо. Она, ещё горше заплакав на слове «претензии», закрыла лицо фартуком и, не сказав более ничего, вышла. Обед был в обычное время, но после него она появилась уже в новом, ломкого ситца платье, с большим узлом в руке и молча встала в дверях столовой. Я принялся втолковывать, что поедем ещё не сейчас, однако она, как мне кажется, снова не вполне поняла меня, и так же молча удалилась.

Жалко её, щемит сердце, а что можно поделать?

5 ИЮЛЯ

семь часов вечера

УТРОМ ПРИЕХАЛ ПОКУПАТЕЛЬ, ПРИВЁЗ
все деньги и уже каким-то чудом готовые, с пе-
чатями, купчие бумаги, осталось только мне под-
пись поставить.

Не оказались бы фунты фальшивыми.

Днём я доставил несчастную кухарку в богадельню. На прощание подарил ей сто рублей
мелкими, она, без слова благодарности, в миг
их куда-то спрятала, так что они исчезли, будто и не было. Через пять минут, в которые я беседовал с экономкой, бывшая моя кормилица
уже в обычной своей, затрапезной одежде
мелькнула вдали коридора с большой кастрю-
лей на руках. Вид у неё был в точности такой,

как на даче, когда она спешила закончить стряпню к обеду.

Я же со своими баулами и портпледами поехал на Тверскую, где немедленно поселился в самой дешевой комнате номеров «Астория». Из моей комнаты открывается вид немного наискосок на дом-«небоскреб» Нирнзее, в котором живут некоторые мои холостые приятели, а на крыше открыт модный до недавнего времени ресторан.

Всё, руки мои развязаны, пора бежать. И забыть прежнюю жизнь, как через неделю забудет её, надеюсь, кухарка...

Сейчас пойду к Филиппову, перекушу пирожками и чаем. Кончилось барство, всё кончилось.

8 июля

ТЕПЕРЬ, ПОСЛЕ ТОГО ЧТО БЫЛО В ПЕТ-рограде, мне вполне понятно, на что пошли деньги и за какую услугу получены иудины сребреники. Но я настолько ожесточён, что и мысли нет искать осину. Разбойничать — так разбойничать, а не совеститься...

Между тем, первое Его, ещё, полагаю, мягкое наказание не заставило себя ждать. Пошёл утром получать паспорт в бывшую генерал-губернаторскую канцелярию, где у меня знакомый чиновник. Он, смущённый, глядя в стол и шёпотом от соседей по приёмной зале, сказал, что в паспорте мне отказано, потому что я объявлен под судом по делу о злостном банкротстве банка. Зачем-то я спросил, объявлены ли по этому делу подсудимыми М-ин и прочие. Чиновник этого, конечно, не знал. Не знал он также, почему никаких судебных повесток я не получал, но я сам сообразил, что, вероятно, их присылают по адресу банка...

Вот и возмездие. Я останусь в России и испытаю всё, к чему приложил руку. Туда мне и дорога. Одно только приводит в отчаяние: никогда не увижу жены. Теперь мне чудится, что если б мы после всего встретились, жизнь пошла бы по-новому.

Всё время кружится голова. То ли это последствия удара «революционным» кулаком, то ли от нервной усталости... А ночью уже не только не сплю часами, но всё время мысленно беседую сам с собою, как с посторонним, иногда замечаю, что и вслух. Лежу в тёмном, душном номере на старой, скрипучей и кривой кровати и в голос себя чещу последними словами...

Бунт в Петрограде 3—5 июля имеет одно хорошее последствие: правительство приказало арестовать Ленина, Зиновьева, Каменева и Троцкого. Многие прямо и публично заявляют, что следовало бы то же самое сделать с такими же изменниками Рязановым, Козловским, Рошаль и прочими из этой компании, включая самого «горевестника» Максима. Опасаюсь, что уже поздно Керенский опомнился, но если поймать заводил-«большевиков» получится, можно будет утихомирить и их рабоче-солдатские «советы».

Всем известно, что не только Троцкий есть ном де гер Бронштейна, но и Каменев, Зиновьев, Стеклов и много других скрывают под псевдонимами свои настоящие еврейские фамилии. Вероятно, для лучшего запоминания простыми людьми... Зачем Империя ожесточила против себя народ, по слову Писания, «жестковыйный»? Впрочем, Ленин тоже не Ленин, а Ульянов, видно, посовестился позорить отцовское приличное имя. Хотя какая уж там совесть, одна «конспирация».

А, с позволения сказать, «консерваторы» наши разве хороши были, когда ещё водились? Ничего умнее черносотенства и криков про масонство не изобрели. Что ж масоны-то так легко скрутили великую Державу, которая всегда им противилась с успехом, взять хотя бы Двенадцатый год? Нет уж, сами всё изгадили, оплевали, разрушили, нечего других виноватых искать.

Никуда не денешься, сказавши «а», надобно говорить и «б». Хочу или не хочу, а придётся прибегать к тем, кого ненавижу, презираю и боюсь. Завтра попытаюсь снестись с К-овым, ежели отыщу карточку с его телефонным номером.

9 июля

СЕЙЧАС УЖЕ БЛИЗКО К ПОЛУНОЧИ. ДЕНЬ прошел так бурно и тяжело, что мысли путаются, и я опять замечаю, что в тишине номера слышу свой голос. Значит, сам с собою обсуждаю случившееся... Полагаю, что ежели бы я сейчас пошел к доктору, он сразу упёк бы меня в жёлтый дом. А ведь меньше прежнего пью в последнее время, так что не скажешь, что белая горячка.

Впрочем, а вокруг разве не умалишенные? Решительно все, от министров до последнего бродяги-матроса, вроде того, что сегодня у Триумфальных ворот встретился. В полной летней форме, а на ногах лаковые штиблеты, как у куплетиста. Посмотрел мне в лицо бешеными белыми глазами, обругал «буржуем», толкнул в грудь двумя руками и дальше пошёл.

Утром удалось соединиться с К-овым. Я телефонировал с аппарата, что у конторки швейцара в номерах, так что приходилось говорить негромко. На том конце провода осведомились, кто просит господина К-ва, я представился. Через довольно долгое время ответил сам К-ов, я сказал, что хотел бы свидеться по важному делу. Он тут же, следует отдать должное, назначил на час пополудни. Договорились встретиться на Тверском бульваре, позади памятника.

До срока оставалось ещё три часа, я их использовал на то, чтобы отправиться в главную почтовую контору и спросить там, нет ли для меня посте рестанте. Как и надо было ждать, сообщений от жены ещё нет, и я отдаю отчёт себе, что их сейчас и не может быть, но всё одно схожу с ума от тревоги. И от сына ничего нет...

После пешком, через Лубянскую площадь и Тверскую улицу, я пошёл к договорённому месту. По дороге думал о том, что ежели бы мне

| *9/VII/1917* | CCX |

кто сказал году хотя бы в двенадцатом, что буду через пять лет так жить, как сейчас, я бы счел этого предсказателя умалишённым. И любой из моих того времени знакомых счёл бы так же. А теперь эти знакомые разбегаются из Москвы, как тараканы от света, я же, того и гляди, сам сделаюсь натуральным безумцем. Пушкинский Евгений бежал от каменного императорского галопа, но вот нет Империи, а нам пришло бежать от наглой скачки её разрушителей, того гляди настигнут… Всегда русского обывателя гонят и топчут, так, видно, и будет.

Времени ещё оставалось порядочно, так что, миновав и прежде приводившую меня почему-то в дурное расположение Скобелевскую площадь, я зашёл к уже ставшему мне привычным Филиппову, выпил кофе со сливками, съел ржаную лепешку — любимый в студенческие времена завтрак. Никак не могу понять, отчего я в эти дни, после отъезда жены, сделался таким скаредным? Ведь фунтов, полученных за дачу, достаточно, чтобы, обменяв их малую долю в любой банкирской конторе, снять отличные комнаты хотя бы даже в «Метрополе» и обедать в «Славянском базаре». Однако я не могу и подумать о таком. Видимо, сам того не сознавая, настроился уже на экономическую жизнь в Европе, на сдержанность скромного рантье...

На Тверском занял скамью как раз позади поэта, рассматривал его шляпу. Мимо шёл нынешний московский люд, и теперь я уж никак не мог сказать, что на вид ничего или почти ничего не изменилось, как отмечал ещё недавно. Чего стоил только старик в генеральском картузе без герба, генеральской же летней тужурке без погонов и в визиточных брюках, сидевший на скамье напротив!

Вскоре на бульваре показался К-ов, которого я опять признал сразу и даже издали. Он странно выглядел в обносившейся московской толпе, будто не на Тверской бульвар вышел, а на променад Ривьеры: в свежайшей коломянковой паре и белой шляпе из панамской соломы. Под мышкой он нёс щегольскую эбеновую трость с серебряным набалдашником в виде адамовой головы. Молодые его усики были подкручены кверху ещё веселее, чем в прошлый раз. Я, в своем уже измятом от неуютной жизни костюме, рядом с ним должен был казаться пожилым бедным родственником.

Мы пожали друг другу руки, он сел рядом со мною, сразу сильным броском заложив ногу на ногу, воткнул в песок трость и сказал, что готов слушать моё дело. Я старался говорить коротко и определённо. Выслушав, он покачал головою: «трудно будет... трудно... однако возможно... есть ли у вас полагающаяся фотографическая карточка?» Карточка как раз у меня была, её вернул генерал-губернаторский чиновник. «Отлично», сказал К-ов, «думаю, что, сунув кому следует, мы это устроим». Услышав про «барашка в бумажке» я, видимо, сделал какое-то соответствующее движение, потому что К-ов махнул рукою: «мы эти небольшие издержки возьмём на себя». Опять дважды прозвучало памятное мне «мы»... «Я вполне сам могу заплатить», возразил я, «у меня достаточно денег».

Тут собеседник в очередной раз меня поразил. Снявши свою колониальную шляпу, он склонился ко мне и проговорил вот что: «я имею от вашего сына известие для вас, что (он назвал мою жену по имени и отчеству) уже благополучно в Париже, а (он назвал по имени сына) выезжает сегодня туда же». Даже не могу описать, что со мною произошло, помню только, я схватил К-ова за руку так крепко, что он поморщился и с усилием освободил локоть. «Отчего же», закричал я и сразу сбавил тон, оглянувшись, «отчего же ни она, ни он мне не пишут?» «Да они, может, и пишут, но почта плохо ходит», улыбнулся он, «а у нас свои способы сношений... вашему сыну партия непременно поможет в его семейных заботах, он много делает для нас... а для чего вы шепчете, чего боитесь?» Я и сам не знал, чего боюсь, вероятно, я уже чувствовал себя настоящим беглым каторжником после сообщения о том, что меня ищет суд. «Что же он для вас делает», спросил я, «уж не вроде ли того, что я сделал?» Для чего я вдруг высказался таким вызывающим образом, и сам не знаю, видимо, я действительно уже не совсем в своём уме. К-ов помолчал минуту, потом ответил тихо: «вы, господин Л-в, не сожалейте о том, что сделали, вы помогли истории, хотя бы этого и не желали... а сын ваш занят важнейшими делами... вы слыхали фамилию...» Тут уж он оглянулся и произнёс какое-то странное слово еле слышно, так что мне показалось «парус». «Какой парус», переспросил я, «это прозвище, видимо, по лермонтовскому стихотворению?» Он засмеялся и махнул рукою: «значит, не слыхали, и не нужно, но ваш сын у него если не правая, то левая рука, и нам это чрезвычайно важно...» После паузы, сделавшись совершенно серьёзным, он закончил: «словом, вы получите паспорт, самый настоящий, и даже на вашу фамилию, а насчёт суда не беспокойтесь, сейчас не до судов над... банкротами, уж простите великодушно».

За время с нашей первой встречи он очевидно превратился из юного идеалиста в самоуверенного заговорщика, всемогущего Монте-Кристо. А я — в трусливого бродягу...

Мы распрощались, сговорившись, что когда паспорт будет готов, он даст мне знать запиской через швейцара моей гостиницы.

Освободившись, таким образом, в третьем часу, я остаток дня посвятил другому, вовсе не важному с практической стороны, но давно уже мучающему мою душу делу.

С нею мы не видались едва ли не полгода. Иногда только она телефонировала от подруги мне в банк, но разговаривали мы принуждённо, в постороннем присутствии, ограничиваясь только вопросами о здоровье и благополучии и неискренними ответами, что всё, мол, слава Богу. С тех же пор, как банковская контора закрылась, она и таким образом разыскать меня не может. Хорошо хотя бы, я успел её предупредить, что банк прекращает существование, а я, видимо, съеду из дачи и буду жить в Москве, так что она за существование моё не должна была тревожиться... Но теперь я чувствовал не то чтобы сильное желание повидаться, что себя обманывать, уже отвык, но будто бы обязанность по-

233

прощаться глаза в глаза с той, кто была лучшей частью моей жизни не один год.

Способа назначить ей свидание я долго не мог изобрести. Прежде мы при каждой встрече уговаривались о времени и месте следующей, потом она мне стала телефонировать, что и сохранялось до недавнего времени. Теперь же я совершенно не знал, что делать. Наконец, сегодня решился: после разговора с К-овым отправил посыльного с запиской по адресу той её подруги, в квартире которой она пользовалась телефонным аппаратом для связи со мной. Адрес этот, к счастью, я знал с давних времен, но всё не решался писать туда, а теперь выбора не было. Не в дом же заявиться, где сидит отставной приказчик... И ждать нечего, после и вовсе времени для прощания может не найтись. В записке я попросил её ответить так скоро, как сможет.

Поднявшись затем в свою комнату, спросил у коридорного графинчик, филипповских пирогов и яблок, чтобы в одиночестве «гульнуть», отпраздновать уже почти совершившееся соединение всей моей семьи в благословенной, спокойной хоть при войне, хоть при конце света Европе. Пусть не пишут мне, пусть вовсе от меня откажутся, только были бы живы, целы, благополучны, хотя бы и без меня...

Меньше чем через час я уже был отрадно нетрезв. Хмель, как обыкновенно, отгородил меня от мира туманной дымкой, которая через недолгое время, увы, рассеивается, оставляя лишь болезненные чувства, но до тех пор дает освобождение. Почти прикончив графин, я повалился одетым в кровать и уснул тяжким, нездоровым сном.

Во сне я увидел нашу милую дачу, ползающих животами по полу собак, старую кухарку, жену, угрюмо сидящую за обеденным столом...

Потом мне стало сниться, будто я сплю, но не на чужой кровати, а на диване в своем кабинете, и ветер стучит ветками старой груши в мое окно...

Этот стук и разбудил меня.

Спросонок и спьяну все ещё оставаясь в своём, навеки покинутом кабинете, я вскочил и стал натыкаться на ширму и стулья, которые всё оказывались не на том месте, где были кресла, стол, шкафы в кабинете...

Наконец я пришёл в себя и вспомнил, где теперь обретаюсь. Сквозь дверь на мое перепуганное «в чем дело?» уже знакомый голос коридорного ответил, что «вас внизу ожидает дама».

Тут же вполне проснувшись, мятый от валянья на кровати и сам с отвращением ощущая, как от меня сивушно разит, я кинулся по лестнице вниз...

Вот пишу сейчас, и кажется, что это не обо мне, а о каком-то другом человеке, живущем другую, чужую и дикую для меня жизнь, даже вспоминаю с трудом, как всё было...

Она стояла у конторки швейцара. Взгляд поверх всего окружающего, чистое лицо без пудры и помады, почти гимназическое серое полотняное платье и маленький тюрбан из серого шёлка поверх гладкой прически выглядели для этого места странно, не такие дамы обыкновенно спрашивали здешних жильцов. Впрочем, швейцар, получив целых пять рублей, равнодушно отвернулся, когда я быстро повел её, почти потащил к себе, наверх. Не знаю, насколько поняла она двусмысленность обстоятельств, но шла нерешительно и, насколько я видел, сильно покраснев.

В номере мы сели на стулья по две стороны стола и долго молча смотрели друг на друга. Прежде мы уж давно были бы в постели, которая тут же, в одном шаге, за ширмою, но сейчас и ей, как я мог понять, и мне это отчего-то казалось невозможным... В конце концов я, хриплым от долгого одинокого молчания и водки голосом, спросил, как она могла так скоро ответить этим визитом на мою записку. Она принялась издалека объяснять: муж её болен, смотрел его доктор, ученик Захарьина и сам уже профессор, подозревает что-то легочное, но не чахотку, а даже хуже, велел лечь в больницу Боткина для наблюдения, она ходила проведывать, а на обратном пути зашла к подруге, которая очень во всём сочувствует, тут как раз пришел посыльный, и она решилась ехать без предупреждения... Когда сказала про мужа, в глазах показались слезы, но она их сдержала.

Я спросил, не голодна ли она, не послать ли за обедом, но она отрицательно покачала головой. Признаться, я уже жадно поглядывал на оставшееся в графине, томимый обычной жаждой «поправиться», как говорит народ, после пьяного сна… Возможно, проследив мой взгляд или по собственному внезапному желанию, она попросила заказать вместо обеда не слишком сладкой мадеры, если возможно, и сыру посуше. Обрадованный таким поворотом, облегчающим неловкость, которая появилась с самого момента её прихода, я, суетясь, позвал коридорного, верно ожидавшего этого, как увидал даму, велел ему принести от Елисеева всё ею сказанное, добавить ещё один графинчик для меня, немного окорока, немного балыка, свежих булок и потом поставить самовар. Оживлённый грядущими чаевыми, он мелко, демонстрируя старательность, побежал по длинному коридору.

А мы остались сидеть за столом. Проглотив последние полрюмки, нашедшиеся в графине, я как-то нескладно начал рассказывать ей, что со

мною произошло за эти месяцы, — и, не желая
того и даже запретив себе, рассказал всё. Она
слушала до известного места молча, потом посмотрела на меня с испугом и дальше слушала
уже с этим выражением на всё более бледнею-
щем лице... Когда я закончил рассказ сегодняш-
ней встречей с К-овым, она сидела неподвижно,
глядя в окно, за которым уже догорали багровым
огнем поздние сумерки. Несколько минут оба
молчали, потом она вздохнула и произнесла так
тихо, что я еле разобрал: «Бог тебе судья, а я не
сужу и никогда судить не буду». Потянувшись
через стол, я поцеловал её в горячую щеку...

Далее, после того как коридорный пришел
с подносом и притащил самовар, мы разговаривали о житейском, будто просто давние знакомые. Она пожаловалась, что нянька, с которою
сейчас осталась дочь и без которой никак невозможно управляться, собралась уезжать на свою
рязанскую родину, и что теперь делать, неизвестно. Ходить за больным мужем и смотреть за
дочерью она одна никак не сможет, а найти че-

стную прислугу сейчас не удастся, да и средств нет — пенсион мужнин оказался нищенский, запасы быстро идут к концу... Я тут же предложил ей помощь, имея в виду свои фунты, скаредность мою как рукой сняло, но она только молча посмотрела мне в глаза, так что я понял, что и уговаривать не будет пользы.

Я описал ей свои планы и сроки... Дослушав, она даже не спросила, а сказала как само собою разумеющееся «значит, мы с тобою больше не увидимся».

Сначала первым моим движением было горячо ей возразить, но я взял себя в руки и промолчал, что ж кривить душою при прощании. К тому времени я ополовинил второй графинчик, а она выпила не меньше двух больших рюмок мадеры, поэтому оба уже опьянели. Только этим и можно объяснить то, что она вдруг встала и пошла за ширму.

В следующие полчаса мы потеряли всякий рассудок и сделались совершенно буйными, какими уж давно не бывали...

CCXXIV   9/VII/1917

Спускалась по лестнице она впереди меня. А я смотрел немного сверху на её полные, обтянутые серым полотном плечи, на тюрбан, из-под которого выбивались над шеей уже не совсем гладко причесанные волосы, и сознавал, что вижу эту женщину последний раз в жизни. Мне сделалось страшно так, что затряслись руки, и когда мы ожидали в вестибюле, покуда швейцар приведёт извозчика, я спросил её, возможно ли ещё повидаться хотя бы через неделю. И если возможно, то не пришлёт ли она мне записку в гостиницу накануне того дня, на который назначит встречу... «Мне так будет тяжелее», тихо отвечала она, «но если ты вправду очень хочешь... хорошо, я напишу». Тут подкатил извозчик, и она решительно отказалась от того, чтобы я ехал её провожать. Быстро всучив удивлённому лихачу какие-то несуразно большие деньги, я пригрозил, что запомнил его бляху, и если барыню не доставит к самым дверям её дома спокойнейшим образом, «чтобы она меня через полчаса известила», то я его разыщу... Испуганный возница повернул, против всех правил, сразу по уже пустеющей Тверской налево и погнал к Охотному...

Теперь, допив, разумеется, всё, что было в номере, я дописываю эту заметку.

Вероятно, больше не притронусь к моей тетради. При встрече отдам ей, чтобы сожгла — в гостинице печи сейчас не топятся, жечь негде.

Как ужасно заканчивается жизнь! Одна надежда — бегство, тихое прозябание в какой-нибудь европейской глуши, попытка загладить вину если не перед всеми, кого мучил и губил даже, то хотя бы перед самыми близкими. Перед ожесточившейся от моей холодности женой, перед связавшимся с негодяями сыном, которого, оказывается, я вовсе не понимал, перед горничной, имя которой едва вспомнил при прощании, перед собаками, по которым скучаю, как надо бы скучать по людям...

А что перед страной, которую, как думалось, люблю и страданиями которой страдаю, то уж этой вины там, в убежище, не искупишь.

15 июля 1917 года

10 часов утра

НОМЕРА «АСТОРИЯ».

Вот и покончено и с жизнью прошлой, и с надеждами на будущую. А в вечной меня ждет расплата.

Сегодня в полдень мы встречаемся, чтобы проститься. Твердо решил больше её не мучить, хотя останусь близко.

Останусь потому, что уже не смогу уехать. Паспорт благодаря К-ову получен, но он мне не пригодится, потому что как раз в эти дни объявлено о закрытии границ для выезда и въезда до 2 августа. А после 2-го, полагаю, тоже будет не проехать. Финляндия от нас решительно отпала, сейм постановил, так что свободного проезда и туда нет.

Шпионы все, я в этом убежден, выскользнули, а мне конец.

Конец и России. Армия бежит, и расстрелы не удерживают. Уж Корнилов отказывается от главнокомандования. Св. Синод, взывая к православным, верно и страшно предупреждает, что русский народ может «сделаться среди других народов ужасом, посмеянием, пустыней и проклятьем». Прямее чаадаевского письма.

Что ж, надеяться по смердяковскому образцу, что «умная нация победит глупую», возьмут германские войска Петроград, кончится война исчезновением Российского Государства? Вот тогда все и вернутся, кто успел сбежать... Нет уж, стыдно об этом и думать. Для чего и куда возвращаться? Не приведи Бог до этого дожить. И хорошо, что мне судьба препятствует в отъезде. Платить пора за всё здесь, покуда жив, а когда предстану перед Судией — тогда своим чередом...

Между тем, пришли в одном конверте записка от сына и письмо от жены. Сын надеется, что мне «с известной помощью удастся уехать, и все

CCXXVIII   15/VII/1917

устроится». Жена коротко извещает, что всё у них благополучно, средства доступны, и уже сговорились о покупке из них маленького домика в горной деревне, где поселятся вместе с сыном и его женою. Горничная Таня помогала с самоотвержением, и собаки стойко перенесли путешествие, только очень грустны. На этом и заканчивается письмо совсем неожиданно: «а грустны, верно, потому, что скучают по тебе, и мы все по тебе скучаем».

Вскрыв на почте конверт и прочитавши письма, плакал, отворачиваясь от людей...

Однако гибель гибелью, а жизнь жизнью, и надобно искать службу, вот что, фунты же придержать на всякий случай. Может статься, возьмут на незавидное место даже беглого банкрота, теперь-то все кругом беглые, выбирать не из чего. Разыщу одного моего старого знакомца, ещё со студенческих времен, он, кажется, служит по инженерной части на каком-то заводе в Замоскворечье. Неужто грамотный конторщик там не пригодится?

15/VII/1917	**CCXXIX**

Взглянул сейчас ненароком в зеркало над умывальным тазом и испугался — такой у меня теперь мерзкий вид. Борода седая, давно не стриженная, кривая, волосы уже тоже почти все седые, серые и растрепаны, костюм летний износился до неприличия, взгляд дикий, под глазами синие пятна... Я ли это?

И в груди всё теснит, и бок давит...

Мне страшно. Ничего уже не осталось, кроме страха.

Всё, пора идти на последнее свидание. Прощай и ты, тетрадь, сегодня сгоришь. А она будет смотреть в огонь...

Прости мя, Господи, и все прегрешения моя
и беззакония очисти,
яко Благ и Человеколюбец.
Аминь.

ПОСЛЕСЛОВИЕ

Здесь, после дневника Л-ова, я могу дописать то, что включать в предисловие не следовало — было бы совсем непонятно. Да и время для публикации, я считаю, теперь уже пришло, так что пора всё объяснить.

Итак, во-первых, о том, почему в дневнике, который планировалось сжечь, полные имена всех упомянутых персонажей скрыты. В оригинале они, конечно, были написаны полностью — именно потому, что тетрадь автор собирался сжечь. Однако, готовя текст к публикации, я все фамилии заменил сокращениями: возможно, живы потомки тех, кто был упомянут, и, прочитав, они могли бы узнать много неприятного о своих дедах или прадедах. Таким образом, я бы нарушил волю покойного автора, сделал бы подлость, в которой его обвинить никак нельзя. Не говорю уж о его собственной фамилии, которую невозможно назвать по абсолютно понятной причине — не нам его судить.

Во-вторых, два слова о том, в чём некоторые читатели, возможно, не разобрались, и это их право. Они не обязаны анализировать намёки и умолчания текста, а мне, если уж взялся за публикацию, положено. Итак – о преступлении автора, в котором он бесконечно раскаивается, из-за которого мучается, казнит себя и в конце концов явно впадает в тяжелейшую, с патологическими проявлениями, депрессию. Для тех, кто, боюсь, не очень внимательно читал, а потому не разгадал, что скрыто в наивных пропусках и недомолвках, вот объяснение: Л-ов, сначала, ради решения деловой проблемы вступивший в переговоры с молодым революционером из "романтиков", потом, озлившись на нечистых на руку сослуживцев, стал обыкновенным наводчиком большевистских бандитов. В благодарность за это на его счёт в каком-то из европейских банков известным Парвусом (или по указанию Парвуса) была положена часть от экспроприированных сумм. Таким образом, он не только лишил собственности своих коллег (их мошенничество и предательство по отношению к нему – другая тема), но и упростил снабжение большевиков деньгами накануне выступления 6 июля.

В-третьих... Вот в этом, "в-третьих", содержится самое странное, что я нашёл в старой тетради.

Впервые прочитав дневник, я обнаружил, что тетрадь заполнена мелким ровным почерком всегда аккуратного человека немного меньше чем до половины. После страниц, исписанных старинными, фиолетовыми с золотистым отблеском, чернилами, шли страницы пустые... И только закончив переводить текст в современную орфографию, сочинив предисловие, выключив компьютер и автоматически, без всякой цели, просто радуясь освобождению, пролистав тетрадь веером, я нашёл в ней нечто не менее, а то и более интересное, чем уже переписанный документ.

Из распушившихся страниц вылетел вдвое сложенный листок такого же формата, что тетрадь, но вырванный явно не из неё — в голубоватую мелкую клетку, а тетрадные гладкие. С трудом развернув слежавшуюся бумагу, я прочитал переписанное тем же почерком и теми же чернилами стихотворение. Привожу его:

Сумрачен путь, неразборчивы дали,
Тяжек бессмысленный шаг.
Господи, смилуйся, все мы устали,
Крепок один только Враг.

Пред искушением не устояли
Слабые души людей.
Сумрачен путь, неразборчивы дали,
Ветер всё злее и злей.

Кто мы? Кто нами владеет и правит,
Где наш рассыплется прах?
Нас подгоняет, и душит, и давит
Подлый, бессовестный страх.

Равно страшимся мы смерти и жизни,
Бога и злобы людской.
Равно и миру чужды, и отчизне,
Скованы горькой тоской.

Нам ни спасенья, ни гибели нету,
Жалобы наши смешны...
Время придёт, призовут нас к ответу,
Сбудутся страшные сны.

Под этим самодеятельным, подростковым сочинением, носящим следы внимательного чтения модных в начале прошлого столетия авторов (тех самых, на которых в основном тексте обрушивались проклятия), стояла дата: ***«20/VII/18».*** Число меня удивило: как листок, исписанный явно владельцем тетради, мог оказаться в ней на год с лишним позже, чем она была отдана для сожжения возлюбленной бедного поэта? Оставалось предположить, что листок либо пришёл по почте, либо писавший и его муза встречались ещё хотя бы раз после той даты, 15 июля 1917 года, которая зафиксирована заключительной заметкой...

Найдя беспомощный стишок, впрочем, искренний, вдохновленный, видимо, расстрелом царя за три дня до сочинения и абсолютно логично завершающий чтение грустной, хотя не совсем честной исповеди, я уже более внимательно перелистал тетрадь до конца. Никаких других вложений не нашёл, зато предпоследняя страница оказалась тоже исписанной – почему-то вверх ногами по отношению к основному содержанию. Бледные карандашные буквы, крупные и неровные, кое-где почти стерлись.

Писала женщина не очень грамотная и в спешке. Привожу, исправив очевидные ошибки, и этот текст:

«*1918, 2/III н.с.* Утром скончался, покинув меня в истинном горе, мой несчастный муж. Ц.Н.

1918, 11/VI н.с. Нам оставлен только мезонин, ещё Николаю его дворницкая. Поселенные люди ночью напились пьяными, стреляли на дворе из револьверов в небо и в деревья. А как попали бы в окна? Мурка спряталась под кроватью, не выходит.

2 (15) июля. Невозможно прожить. Молоко 1 р. 80 к. за кружку, чем же мне её кормить? Одной только странно дешёвой клубникой? У ней уже и без того золотуха. Вчера продала на Сухаревской кольцо с хорошим камнем, мужнин подарок День Ангела в 1912 году, за 350 р. Боялась облавы, спешила, едва не уронила деньги.

19/VIII (1/IX) 1918 г. Неожиданно пришел Л.! Как он узнал, что бедного моего мужа, Ц.Н., В.П., уже нет? Я-то ведь не знала, что сам Л. жив и в Москве, он мне ничего не сообщал. Прибежал утром совсем больной, потный, одет ужасно, в чём-то военном с чужого плеча. Будто и не в своём уме, хотя трезв. Не спросил меня ни о чём, на дочь посмотрел мимолётно, погладил по голове и отвернулся. Неужто он и вправду не догадывается? У покойного хватало ума всё видеть и такта не говорить ничего. Л. бегал по комнате, кричал шёпотом что-то несусветное, я ничего не поняла. Запомнила *только, что он всё время твердил о возмездии за убиенного Государя и об искуплении, будто он только что искупил не только известный свой, но и всех нас страшный грех. Бросил на пол листок с какими-то стихами, насильно дал мне порядочную пачку английских ассигнаций, сказал, чтобы меняла осторожно, на Сухаревской обманут. А где ж мне менять? Шептал имя этого знаменитого Ленина, в которого, я слышала, позавчера стреляли. Шёпотом прокричал и такие слова: «Бедная еврейка не попала, но ведь стреляла! Разве я виноват, что за ней побежали? А мне Бог помог». Это я верно запомнила из-за странности сказанного. Потом спросил, сожгла ли я тетрадь, велел никому не говорить, что знакома с ним, это опасно. Кому ж я скажу? Я спросила, где его жена, что сын. Он махнул рукой и ответил, что они «там», и теперь его уже ничего не удержит, будет пробираться к ним «хотя бы пешком». Не подумал, как мне это слышать, особенно в нынешнем положении. Так же неожиданно убежал, как появился. Храни его Господь. А тетрадь я не сожгла и не сожгу, только спрячу получше. В ней и моя прежняя жизнь, от которой ничего уже не осталось».*

Я не верил, как сказал бы хозяин тетради, своим глазам: теперь уж возникло точное ощущение, что читаешь не документ столетней давности, а современный роман в модном жанре так называемой альтернативной истории...

253

В общем, я долго думал, включать ли в публикацию записи женщины, от которой меня отделяло всего, по американскому выражению, «одно рукопожатие» — если считать рукопожатием нелепую встречу с её дочерью около сорока лет назад. Всё сомкнулось в кольцо — когда-то не на что было купить молока для девочки, потом старухе на молоко не хватало... Это её звали Муркой? Вряд ли, скорее, всё же кошку.

В конце концов решил включить. Историкам из одного карандашного абзаца всё равно ничего не удастся извлечь. Полной фамилии Л-ова я не назову хоть под пыткой, без неё же текст становится даже не новой версией не до конца расследованного покушения, а просто беллетристикой по следам уже существующих версий. Ведь давно писали и всё ещё много пишут, что стреляла не Каплан или не одна Каплан... И ладно, решил я, пусть будет «альтернативная история» читателю на радость.

Что касается того, кто был настоящим отцом моей знакомой старухи, то это вообще никакого значения не имеет. Так, ещё одна подробность биографии отважного труса, совестливого вора, набожного распутника, вольномыслящего конформиста. Мертвая душа, каковы и все наши души, если признаться хоть себе честно.

А тетрадь, переписав, я сжёг. Чтобы не было искушения предъявлять её сомневающимся, рискуя анонимностью беспомощных персонажей и, в первую очередь, главного из них.

Не верите? И не надо, считайте, что не было ничего этого.

...Ни ветра по ногам в натопленном кабинете, ни одинокого, горестного ночного пьянства, ни тихо спящих в другой комнате жены и собак, ни дворника Матвея, забывавшего купить газет, ни кухарки Евдокии Степановны, переехавшей в богадельню на Мясницкой, ни дезертира, прятавшегося в затхлой избе, ни воя собак во дворах подмосковных дач, ни летнего, жаркого Тверского бульвара, по которому идёт юный красавчик весь в белом...

Ничего не было.

Сжёг я тетрадь, бросив её в пылающий, как обычно, железный ящик дворовой помойки. Беженцы и бомжи, которые подожгли мусор, чтобы согреться, смотрели безразлично. Прошел патруль продовольственной милиции, покосились на мою сумку, но проверять не стали.

Всё же, на всякий случай, я, хотя и спешил в аэропорт к последнему уходящему рейсу, стоял ещё минут десять, следил, чтобы чужая судьба сгорела дотла.

Vollendet im Jahre 2013

Литературно-художественное издание

АЛЕКСАНДР КАБАКОВ

БѢГЛЕЦЪ

(ДНЕВНИК НЕИЗВЕСТНОГО)

Заведующая редакцией Е.Д. Ш у б и н а
Редактор Д.З. Х а с а н о в а
Корректор М.И. У л а н о в а
Компьютерная верстка Ю.Б. А н и щ е н к о

ООО "Издательство Астрель"
129085, г. Москва, пр. Ольминского, д. 3а

ООО "Издательство АСТ"
141100, РФ, Московская обл., г. Щелково, ул. Заречная, д. 96

Наши электронные адреса:
www.ast.ru
e-mail: astpub@aha.ru

ОАО «Владимирская книжная типография»
600000, г. Владимир, Октябрьский проспект, д. 7.
Качество печати соответствует качеству предоставленных диапозитивов